*manualidades* fáciles internacionales

# Regalos únicos

*manualidades* fáciles internacionales

# Regalos únicos

## Guía práctica paso a paso

**DK**

LONDRES, NUEVA YORK, MUNICH,
MELBOURNE Y DELHI

**Edición del proyecto** Katharine Goddard
**Edición de arte sénior** Glenda Fisher y Elaine Hewson
**Coordinación editorial** Penny Smith
**Coordinación de arte sénior** Marianne Markham
**Diseño de la cubierta** Nicola Powling
**Producción de preproducción** Rebecca Fallowfield
**Soporte técnico creativo** Sonia Charbonnier
**Dirección de arte** Jane Bull
**Dirección de publicaciones** Mary Ling

**DK INDIA**
**Edición sénior** Alicia Ingty
**Edición** Manasvi Vohra
**Edición de arte sénior** Balwant Singh
**Edición de arte** Navidita Thapa
**Coordinación de preproducción** Sunil Sharma
**Maquetación** Satish Chandra Gaur

Publicado originalmente en Gran Bretaña en 2013
por Dorling Kindersley Ltd.
Penguin Group (UK)
80 Strand, London WC2R 0RL

El material de este volumen fue publicado
originalmente en Gran Bretaña en
*Craft* (2012), *Handmade Gifts* (2013) y
*The Girls' Book of Crafts & Activities* (2013)

Parte de Penguin Random House

ISBN 978-1-4093-3068-4
Impreso y encuadernado en China por Leo Paper Products

Descubre más en **www.dkespañol.com**

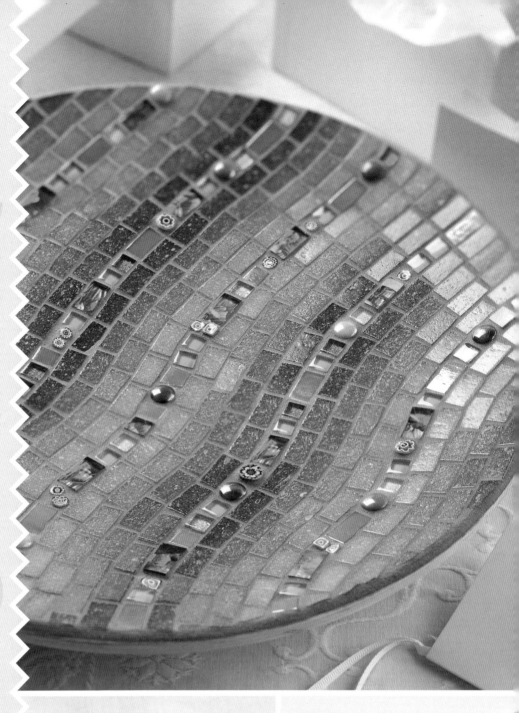

# Contenido

# Introducción

CUENTAS Y ABALORIOS • ALAMBRE DE PLATA • ESMALTE EN FRÍO • TEJIDO DE ABALORIOS •

ARCILLA DE SECADO AL AIRE • ARCILLA METÁLICA • PINTURA SOBRE VIDRIO •MOSAICO

Es sorprendente lo fácil que resulta crear fabulosos regalos con unas pocas herramientas y piezas. En estas páginas encontrará todo lo que necesita saber para empezar, desde cómo ensartar cuentas para hacer un collar hasta cómo decorar vidrio y cerámica.

Las técnicas incluidas en este libro pueden incluirse sin duda bajo el epígrafe de «bricolaje de autor». Cualquier técnica que elija, ya se trate de bisutería, pintura, estarcido o mosaico, le permitirá producir objetos decorativos y funcionales para regalar a amigos y familiares.

Con unas nociones básicas y la voluntad de hacer algo creativo, podrá añadir textura, color e interés a objetos de cristal lisos o a un sencillo artículo de porcelana china y, como por arte de magia, los transformará en regalos únicos. En la mayoría de las tiendas de menaje puede hallar una gama básica de porcelana blanca a buen precio, así que, una vez domine las habilidades necesarias podrá aplicar sus conocimientos y, tal vez, crear un servicio de mesa completo pintado a mano. También puede optar por dar un nuevo hálito de vida a un juego de vasos lisos y poco inspiradores (pp. 68–69): transfórmelos con un poco de pintura en objetos coloridos que gustarán a cualquiera.

Si quiere crear una joya especial, las piedras semipreciosas, las cuentas de arcilla de secado al aire y el alambre de plata son fáciles de conseguir y no son tan caos como quizá crea. Así que ahora tiene la oportunidad de experimentar con técnicas nuevas. Si le gusta la costura, la pulsera de abalorios de las pp. 46–47 sin duda lo seducirá, pues las cuentas se cosen con aguja e hilo en un telar para cuentas utilizando una antigua técnica de tejido.

Siguiendo las sencillas instrucciones que se dan en estas páginas, creará sus propios objetos decorados a mano en un abrir y cerrar de ojos, geniales como regalo o para dar un toque especial a su hogar. Deje que la inspiración le permita avanzar en las técnicas y cree sus propios diseños. Las joyas artesanales, los mosaicos y los falsos vitrales son siempre regalos bienvenidos y pueden aportar un toque personal adicional si se crean con los colores y el estilo preferidos del homenajeado.

# Útiles y
# materiales

# Útiles y materiales

Tal vez descubra que ya dispone de algunos de los útiles y materiales necesarios para hacer joyas y bisutería, pero para trabajar con vidrio, cerámica o mosaicos, puede requerir materiales especializados. Trabaje sobre una superficie bien iluminada, limpia y lisa.

## Cuentas y abalorios

**Alambre flexible para cuentas y abalorios**
Este resistente alambre forrado de nailon se comercializa en distintos grosores. Córtelo con unos alicates y guárdelo bien enrollado.

**Alambre** El alambre para joyería y bisutería se comercializa en distintos grosores y acabados, como plateado, dorado y cobre. El alambre de 0,6 mm es apropiado para muchos usos.

**Fresa o escariador de cuentas** Un escariador de cuentas permite agrandar el agujero de abalorios de distintos materiales o limar el borde dentado de un agujero que podría enganchar el hilo. Para obtener los mejores resultados, humedezca la lima y la cuenta con agua antes de utilizarlos.

**Pegamento** Aplique unas gotas de cola de contacto, esmalte de uñas transparente o masilla a los nudos del hilo y a las uniones de las argollas y las arandelas de alambre para fijarlos en su sitio. Use un pegamento de resina epóxica para pegar las joyas y los materiales a la bisutería realizada con arcilla de modelar.

**Hilo para pasar collares** Este hilo sintético y flexible es muy resistente. Se comercializa en carretes y en una gama limitada de colores y grosores.

**Tijeras de bordado**
Utilice unas tijeritas afiladas, como unas tijeras de bordado, exclusivamente para cortar el hilo y la tela. El papel las desafilará rápidamente y no conviene usarlas nunca para cortar alambre.

**Agujas para pasar collares** Son muy finas y tienen un ojo largo. Suelen doblarse y romperse con facilidad, de modo que conviene tener unas cuantas a mano. Existen largas y cortas.

**Cordón, tiras de cuero y cintas estrechas**
Enfile las cuentas con agujeros grandes en tiras de terciopelo, cuero o algodón y en cintas estrechas. El cordón satinado, llamado cola de ratón, se vende en grosores de 1 a 3 mm y en multitud de colores.

**Terminales de tubo** Estas piezas metálicas con tres secciones se doblan para fijar los remates de las cintas, cordones y tiras. La arandela de la parte superior puede engancharse a una anilla.

**Ganchos para pendientes** Se venden en varios estilos, como ganchos y pendientes con una arandela de la cual colgar las cuentas. También hay pendientes de clip para las orejas sin perforar.

**Cierres** Existen cierres para pulseras y collares de toda suerte de estilos y acabados, desde una sencilla reasa o un mosquetón hasta elaborados cierres adornados con piedras preciosas.

**Argollas** Use estas piezas diminutas para unir los cierres a los collares y ensamblar las distintas piezas. Abra y cierre las argollas de lado; no las abra tirando hacia fuera, pues podrían debilitarse y partirse.

**Separadores de vueltas** Remate un collar de varias vueltas pinzando el cabo de cada alambre flexible e insertándolo por un agujero del separador de vueltas. Los separadores de vueltas también pueden usarse para colgar abalorios de ganchos para pendientes.

**Alfileres de pendientes** Se parecen a alfileres de costura largos. Miden entre 2,5 y 5,5 cm de longitud. Las cuentas se enfilan en el alfiler y después se hace una arandela en la parte superior para colgarlo.

**Tapanudos** Remate los collares hechos con hilo con calotas o tapanudos, que consisten en dos semicircunferencias unidas por una bisagra con una arandela acoplada. Los extremos anudados del hilo se encierran de manera segura en las bolitas.

**Grapas para colgantes** Apriete las pinzas de una grapa a través del agujero de una cuenta. Algunas grapas para colgantes son muy decorativas y combinan con el estilo de las cuentas.

**Alfileres de cabeza redonda** Sirven para lo mismo que los alfileres largos, pero tienen una forma decorativa en el extremo que puede usarse como motivo decorativo adicional de la joya.

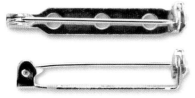

**Bases de alfiler** Enganche con pegamento fuerte de resina epóxica una base a la cara posterior o inferior de un diseño artesanal hecho con arcilla. Deje que el pegamento se seque por completo antes de utilizarlo.

**Chafas** Estos diminutos cilindros metálicos rematan los extremos del alambre flexible de los collares. Fije las chafas con unos alicates planos o uno para chafas.

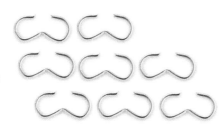

**Enganches dobles** Use estas pequeñas piezas para unir los engastes que tienen una arandela a cada lado y hacer una pulsera. También pueden usarse en lugar de las argollas.

**Dijes** Estas pequeñas figuras decorativas, a menudo fabricadas en metal, tienen un aro en la parte superior para engarzarlas a una joya.

**Cadena** Puede comprarse por metros en varios grosores y estilos. Cree una pulsera de dijes enganchándolos suspendidos de grapas para colgantes y argollas a la cadena y luego una ambos extremos con un cierre.

**Pedrería y estrás** Para añadir brillo, incruste piezas de pedrería y estrás en las joyas fabricadas con arcilla de modelar. El estrás suele llevar una base de papel de aluminio dorado. También pueden pegarse piedras de fondo plano a los engastes y espacios en blanco.

**Entrepiezas**
Generalmente metálicas, las entrepiezas pueden colocarse entre cuentas grandes. Suelen ser un modo barato de añadir piezas a un collar.

**Perlas** Las perlas se utilizan en joyería desde hace siglos. Existen imitaciones baratas y realistas en colores claros y con distintas formas.

**Mostacillas** Use mostacillas, rocallas o cuentas Delica del mismo tamaño para tejer en un telar para cuentas. Coloque una mostacilla entre las cuentas grandes de un collar para ayudar a que este se amolde al contorno del cuello.

**Cuentas de vidrio y plástico**
Se comercializan en una gama infinita de formas, tamaños y colores. Las cuentas de plástico son ligeras, lo cual puede resultar conveniente a la hora de hacer pendientes elaborados.

**Cristales tallados o facetados**
Los cristales Swarovski son los cristales tallados o facetados de mejor calidad y tan brillantes que solo unos cuantos ya hacen destacar una joya. Las formas facetadas como los conos dobles son muy vistosas y quedan especialmente bien.

**Lágrimas de cristal y colgantes**
Estas cuentas están atravesadas por un agujero en la parte superior y pueden colgarse de grapas a modo de abalorios colgantes. Utilice lágrimas de cristal talladas a mano como elemento destacado de un collar.

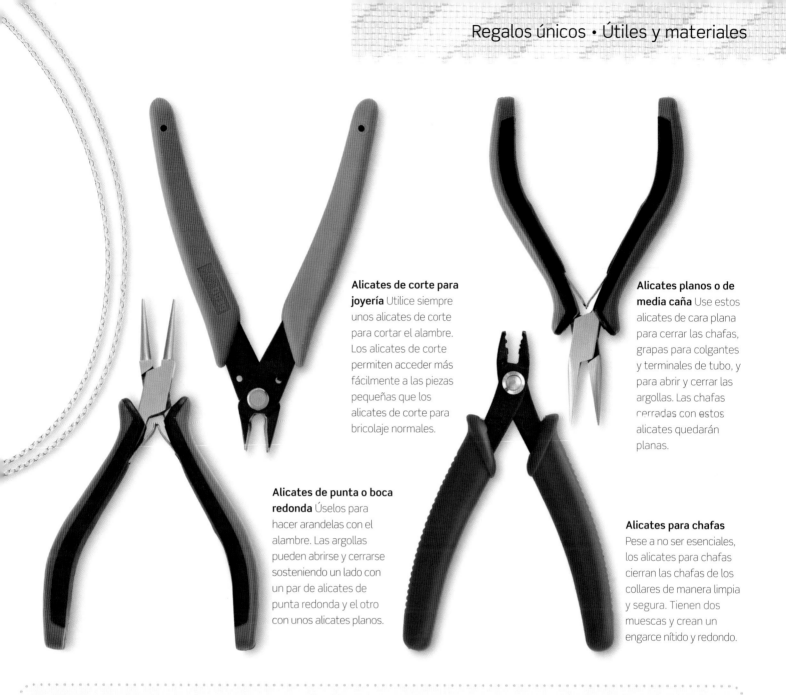

**Alicates de corte para joyería** Utilice siempre unos alicates de corte para cortar el alambre. Los alicates de corte permiten acceder más fácilmente a las piezas pequeñas que los alicates de corte para bricolaje normales.

**Alicates planos o de media caña** Use estos alicates de cara plana para cerrar las chafas, grapas para colgantes y terminales de tubo, y para abrir y cerrar las argollas. Las chafas cerradas con estos alicates quedarán planas.

**Alicates de punta o boca redonda** Úselos para hacer arandelas con el alambre. Las argollas pueden abrirse y cerrarse sosteniendo un lado con un par de alicates de punta redonda y el otro con unos alicates planos.

**Alicates para chafas** Pese a no ser esenciales, los alicates para chafas cierran las chafas de los collares de manera limpia y segura. Tienen dos muescas y crean un engarce nítido y redondo.

## Esmalte en frío

**Esmalte en frío de colores** Puede mezclar los colores para crear sus propios tonos. Los esmaltes se endurecen con el aire, así que no hay necesidad de usar un horno.

**Endurecedor para esmaltes en frío** El esmalte en frío debe mezclarse con un endurecedor antes de su uso. Para un mejor resultado, lea siempre las instrucciones del fabricante y deje secar el esmalte durante 24 horas.

**Monturas de camafeo o de cabujón** Para dar un acabado profesional, aplique esmalte en frío a bases metálicas de camafeo o de cabujón. La montura de camafeo tiene un borde decorativo; la de cabujón tiene uno liso.

13

## Tejido de abalorios

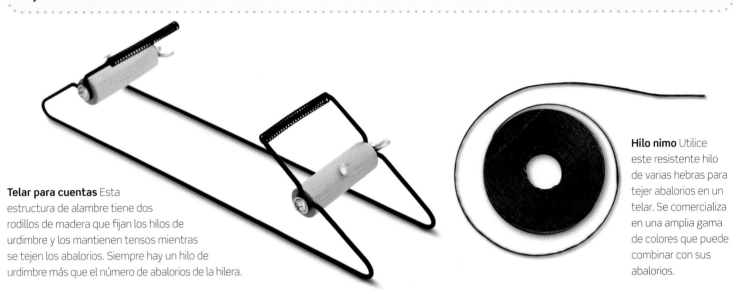

**Telar para cuentas** Esta estructura de alambre tiene dos rodillos de madera que fijan los hilos de urdimbre y los mantienen tensos mientras se tejen los abalorios. Siempre hay un hilo de urdimbre más que el número de abalorios de la hilera.

**Hilo nimo** Utilice este resistente hilo de varias hebras para tejer abalorios en un telar. Se comercializa en una amplia gama de colores que puede combinar con sus abalorios.

## Arcilla polimérica/arcilla de secado al aire/arcilla metálica

**Papel de lija** Lije con suavidad la arcilla endurecida para limar los bordes irregulares. Utilice papel de lija y esponjas para lijar. Use una lima para llegar a los rincones más difíciles.

**Sellos de goma y planchas de textura** Existe una extensa variedad a la venta de sellos de goma y planchas de textura que puede presionar sobre la superficie de la arcilla metálica para crear un diseño o una textura.

**Lámina antiadherente** Una funda de archivador de plástico constituye una superficie ideal para trabajar la arcilla polimérica, la de secado al aire y la metálica. Para la arcilla metálica puede utilizar también una lámina de teflón o incluso unos naipes.

**Arcilla polimérica** Esta arcilla sintética se endurece cociéndola en un horno doméstico. La variedad de colores es amplísima e incluye tonos brillantes, translúcidos y metálicos.

**Arcilla de secado al aire** Como su nombre indica, el atractivo de la arcilla de secado al aire es que se endurece con el aire. Algunas arcillas de este tipo se encogen al secarse. Conserve la arcilla envuelta en film transparente y en un recipiente hermético mientras no la use.

**Cuchilla flexible** Esta cuchilla larga y delgada es utilísima para cortar todo tipo de arcilla. La cuchilla flexible permite cortar líneas rectas y puede combarse ligeramente en una suave curva. Guarde la cuchilla en un recipiente hermético cuando no la use.

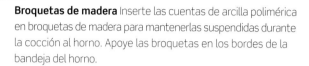

**Pinzas** Ayúdese de unas pinzas para colocar las piezas pequeñas, como las mostacillas, en la arcilla. Utilice las puntas para incrustar las piedras en la arcilla.

**Cortapastas** Estos pequeños moldes de corte metálicos permiten cortar formas de arcilla de manera rápida y limpia. Puede adquirirlos en comercios de manualidades y menaje de cocina.

**Broquetas de madera** Inserte las cuentas de arcilla polimérica en broquetas de madera para mantenerlas suspendidas durante la cocción al horno. Apoye las broquetas en los bordes de la bandeja del horno.

**Cúter** Use un cúter a la hora de cortar el contorno de una plantilla o una forma intrincada en arcilla. Cambie la cuchilla con regularidad, puesto que una cuchilla desafilada arrastrará la arcilla.

**Estiques** Contar con un conjunto barato de herramientas para modelar arcilla resulta muy útil para dar forma a la arcilla y alisarla. Incluso pueden usarse alfileres para crear los detalles más delicados.

**Placa resistente al fuego y malla** Para proteger la superficie de trabajo, coloque las piezas de arcilla sobre una lámina de malla de acero inoxidable encima de una placa resistente al fuego mientras las calienta con un soplete. Puede colocar sobre la arcilla la pequeña jaula de acero inoxidable que suele venderse con la lámina.

## TAMBIÉN NECESITARÁ...

**Cinta métrica** Utilice una cinta métrica flexible para calcular la longitud del collar y la distancia entre las cuentas y abalorios. Las medidas más habituales para collares son: 40 cm, 45 cm y de 52 a 63 cm.

**Cinta de pintor o de carrocero** Enrolle el extremo del hilo o del alambre con un trocito de cinta de pintor para evitar que los abalorios se salgan al ensartarlos. Al terminar puede retirarlo.

**Papel cuadriculado** Esboce un diseño en un papel cuadriculado si quiere crear un patrón para tejer cuentas; cada cuadrado del papel representa una cuenta.

**Tazas medidoras** Puede utilizar vasos de plástico para mezclar los materiales para esmaltado en frío, si bien para mayor precisión conviene usar tazas medidoras ya que permiten calcular las cantidades.

**Mezcladores para cóctel y mondadientes** Use mezcladores o mondadientes para mezclar los colores del esmalte en frío. También puede utilizar los palillos para perforar la arcilla y aplicar cola de contacto o un pintauñas transparente para fijar las piezas de bisutería.

**Pulidores y bruñidores** Pula la arcilla metálica con un cepillo de acero inoxidable o de latón, papel, esponja o paño para pulir. Saque brillo al metal con una aguja de ganchillo metálica o el dorso de una cucharilla.

**Film transparente** Para evitar que la arcilla se seque, envuelva la arcilla sobrante en film transparente mientras va modelando. Para mayor protección, guarde la arcilla envuelta en film en un recipiente hermético.

**Rodillo antiadherente** Extienda la arcilla con un rodillo antiadherente. Puede adquirir rodillos pequeños y ligeros en las tiendas de manualidades. Conserve el rodillo limpio y úselo solo para hacer manualidades.

**Crema de manos o aceite** Unte ligeramente sus manos y también las herramientas con crema de manos o aceite a la hora de trabajar con arcilla metálica; de este modo evitará que se adhiera.

**Polvos de talco** Espolvoree polvo de talco sobre la arcilla de secado al aire y la polimérica, o bien en sus manos y en el rodillo para evitar que se pegue la arcilla.

## Falso vitral

**Cinta de plomo adhesiva** Estas tiras, que se comercializan en rollos, pueden ser de diferentes anchos así como planas u ovaladas. Tienen un papel posterior que se retira para poderlas pegar. Aunque se trata de un metal, es muy maleable y debe manipularse con cuidado. Las tiras más estrechas vienen en un rollo que debe cortarse siguiendo una línea guía para obtener el grosor deseado.

**Blu-Tack** Esta masilla adhesiva es excelente para fijar el diseño de papel sobre el vidrio y que no se mueva.

**Vinilo autoadhesivo traslúcido de colores** Este papel es fácil de cortar con tijeras o cúter, y para colocarlo se debe retirar la base de papel que tiene en el reverso. Péguelo alisando la superficie con una esponja o con el dedo pulgar.

### TAMBIÉN NECESITARÁ...

**Tijeras** Tenga a mano un par de tijeras afiladas; le serán útiles para cortar papel autoadhesivo y tiras de plomo.

**Esponjas** Utilice trozos pequeños de esponja para alisar el papel autoadhesivo y eliminar las burbujas de aire que puedan haber quedado.

**Cinta de carrocero** Es útil para pegar las piezas de papel al diseño y así cortar las formas con precisión.

**Escalpelo y alfombrilla de corte autocicatrizante** Muy útil para cortar el plomo o formas de papel autoadhesivo difíciles o pequeñas.

**Buril plano** Disponible junto con el plomo adhesivo, este instrumento es perfecto para presionar el plomo y fijarlo adecuadamente.

**Rotulador permanente** Delinee su diseño sobre el papel de colores con un rotulador permanente de punta fina.

## Pintura sobre vidrio

**Alcohol de quemar o metílico** Antes de embarcarse en un proyecto, lave el vidrio por dentro y por fuera con alcohol de quemar. Así desengrasará la superficie, y la cinta de carrocero y la pintura se adherirán bien a ella.

**Vidrio para decorar** El vidrio transparente es el más versátil para pintar, pero sopese también la posibilidad de usar vidrio de color o esmerilado. Entre los objetos que puede decorar figuran: vasos, lamparillas, pisapapeles, botellas y jarrones.

**Tijeras** Tenga a mano un par de tijeras para papel afiladas; son útiles para recortar plantillas y motivos y para cortar la cinta adhesiva.

**Papel de calco** Utilice papel de calco para hacer plantillas ajustables a objetos de vidrio tridimensionales. Puede crear diseños personalizados para calcarlos en el vidrio.

**Cinta de carrocero o de pintor** Pegue las plantillas con cinta de carrocero para mantenerlas en su sitio mientras transfiere el dibujo a la superficie del vidrio.

**Papel de cocina** Si va a trabajar con un objeto cilíndrico, como un vaso, apóyelo en un par de hojas de papel de cocina para protegerlo y evitar que se le escape rodando. El papel de cocina también es útil para limpiar el vidrio, eliminar los errores y empapar la pintura derramada.

**Pinturas para vidrio** Se comercializan en una amplia gama de colores vivos. Las hay de base acuosa y de base oleosa. Algunas pinturas para vidrio de base acuosa pueden fijarse en un horno doméstico y resisten los lavados en el lavavajillas.

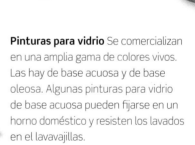

**Cúter** Elimine las manchas de perfilador secas con un cúter. No perfile demasiado los contornos o perderán su encantador aspecto artesanal.

**Pinceles redondos** Pinte el vidrio con pinceles medios y finos de buena calidad. Es importante limpiarlos después de utilizarlos. Elimine bien la pintura de base acuosa con agua. Siga las instrucciones del fabricante para saber cómo limpiar la pintura de base oleosa.

**Perfilador para vidrio** Pasta acrílica de distintos colores comercializada en tubo o en botella. Crea una línea de contorno en relieve que contiene la pintura.

**Plato viejo o azulejo de cerámica blanco** Úselo para mezclar las pinturas. Puede combinar pinturas de base acuosa o de base oleosa, pero no mezcle los dos tipos.

## Pintura sobre porcelana/azulejo

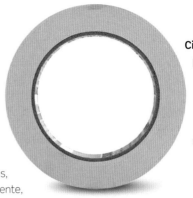

**Cartulina/papel grueso**
Indicados para hacer plantillas y
esbozar diseños. Para las plantillas,
utilice papel grueso o, preferiblemente,
cartulina; los materiales demasiado
finos se empaparán.

**Cinta de carrocero** Útil
para adherir las plantillas
a la cerámica y evitar
que se muevan. Puede
usarla también para
proteger las zonas que
no desea pintar.

**Escalpelo y alfombrilla de corte autocicatrizante**
Utilice un escalpelo o un cúter sobre una alfombrilla
de corte para proteger la superficie de trabajo al cortar
plantillas de cartón o de papel con detalles intrincados.

**Pinturas para cerámica**
Estas pinturas especiales
se comercializan en múltiples
colores. También existen
rotuladores. Consulte las
instrucciones del fabricante
para conocer su duración
una vez se hornean.

**Esponjas** Puede utilizar trocitos
pequeños de esponja o incluso
esponjas de maquillaje para
aplicar color y textura a zonas
amplias.

**Pinceles** Una
selección de pinceles
de distintas formas y
tamaños le permitirá
crear pinceladas y
texturas variadas.
Experimente para
saber qué efectos
puede conseguir.

**Azulejo blanco** Funciona como
la paleta de un pintor y resulta
una superficie útil sobre la cual
verter pequeñas cantidades de
pintura y mezclar colores.

**Bote pequeño** Sumerja
los pinceles en un bote
con agua limpia para
limpiarlos y evitar
que se resequen.

**Paño/trapo** Utilice un
trapo viejo para limpiar
los pinceles y eliminar
la pintura o el color
no deseado.

**Mondadientes**
Son útiles para
dibujar y hacer
marcas en la
pintura húmeda.

## Mosaico

**Esponja gruesa** Es muy útil para empapar la lechada sobrante y para limpiar la superficie del mosaico con más facilidad.

**Llana dentada** Se utiliza para aplicar cemento cola a todos los materiales de refuerzo a la hora de fijar el mosaico al papel en el método indirecto. Las pequeñas muescas de 3 mm garantizan que la mayor parte de la superficie quede recubierta de pegamento, de manera que incluso las piezas más pequeñas se adhieran.

**Espátula pequeña** Esta pequeña espátula puede utilizarse para aplicar pegamento a las superficies curvas o planas al utilizar el método directo. La punta afilada de un extremo permite aplicar pegamento a zonas difíciles y puede usarse para rascar el pegamento de sobra.

**Llana para lechada** Una herramienta óptima para extender la lechada, sobre todo en zonas grandes. También puede usarse para presionar el mosaico e igualar los desniveles y garantizar un buen contacto con el pegamento.

**Destornillador** Útil para multitud de tareas, desde alinear piezas hasta nivelarlas sobre su base.

**Tenazas para azulejos** Es indispensable para cortar y puede utilizarse con todos los materiales de mosaico. Las puntas deben ser de carburo de tungsteno. Merece la pena pagar un poco más para adquirir unas buenas tenazas que corten con precisión.

**Tenazas cortadoras de doble cuchilla** Sirven principalmente para cortar vidrio con cortes rectos y precisos. Las cuchillas se pueden girar cuando se desafilan, por lo que duran mucho tiempo. Además, pueden adquirirse cuchillas de recambio.

**Pinza corta-azulejos** Esta herramienta consta de una ruedecilla para marcar y de una pinza para romper los azulejos. Se usa para trabajar con azulejos cuadrados de un tamaño superior a 2,5 cm y cortar tiras de las dimensiones necesarias.

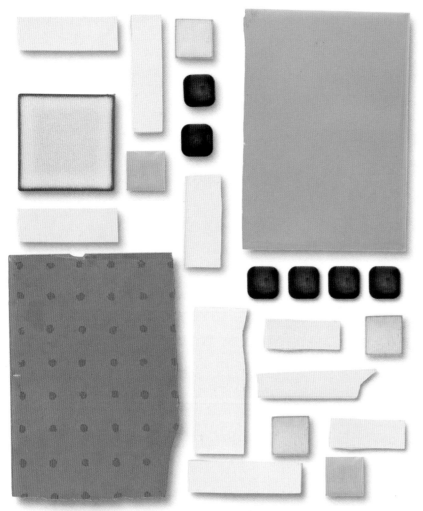

**Objetos encontrados** Entre los materiales encontrados más populares para hacer mosaicos figuran la porcelana rota y los guijarros, pero puede emplearse cualquier objeto, inclusive conchas de mar, canicas, cuentas y botones. Puesto que suelen presentar una forma irregular, lo mejor es usarlos con el método directo e incrustarlos directamente en la base con mortero.

**Cerámica vidriada** Si bien las teselas se comercializan en una gama cromática limitada, puede conseguir ampliar los colores usando azulejos grandes cortados con unas tenazas cortadoras de cerámica. Los azulejos de cerámica vidriada suelen ser resistentes a las heladas y están pintados por una única cara, por lo que son indicados para el método directo.

**Cola blanca** El acetato de polivinilo es una cola blanca líquida. La variante soluble en agua, que se suele vender como cola blanca para manualidades escolares, se usa diluida con agua (50:50) para pegar las teselas al papel en el método indirecto.

**Cemento cola** Las colas para cerámica se basan en la tradicional mezcla de arena y cemento, si bien contienen aditivos que mejoran su adhesión y manejo. Existen tipos distintos para las diferentes aplicaciones. Siga siempre las instrucciones del fabricante para asegurarse de usar el producto adecuado.

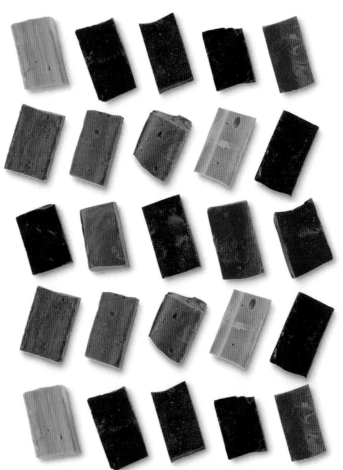

**Smalti** Este vidrio esmaltado presenta una superficie irregular y un color denso. Suele venderse en teselas de 1,5 x 1 cm, que se pueden cortar con unas tenazas para azulejos o unas tenazas cortadoras de doble cuchilla.

**Lechada con base de cemento** En los mosaicos con propósitos prácticos, como encimeras, suelos y paredes, se aplica una capa de lechada para rellenar los huecos entre las teselas. Se utiliza lechada normal para alicatar, que puede adquirirse en diversos colores, además de blanco, gris y negro.

**Teselas de cerámica sin vidriar** La cerámica sin vidriar es un material resistente que puede utilizarse en paredes y suelos. Las teselas suelen ser de dos tamaños, 2 x 2 cm y 24 x 24 mm, y se comercializan en una bonita gama de colores apagados.

**Teselas vítreas**
Este material popular y fácilmente localizable se comercializa en una amplia gama de colores vivos y sutiles. Las teselas suelen ser cuadradas, con 2 cm de lado, y presentan un grosor uniforme de 4 mm. Pueden usarse en interiores y exteriores.

**Teselas doradas, plateadas y de espejo** Una hoja metálica entre una capa de vidrio de color y una capa transparente mucho más fina crean una superficie duradera y brillante. Algunas alternativas más baratas son espejo común o las versiones de aparición reciente, protegidas con una capa de pintura base en lugar de vidrio.

**Mármol** Esta piedra blanda puede cortarse con unas tenazas para azulejos, especialmente las de mango largo. Suele cortarse primero de bloques pulidos en barras y luego, a mano, en cubos que pueden usarse sobre la superficie pulida o en la cara trasera. La cara (interior) rota y brillante también puede usarse cortando los cubos por la mitad.

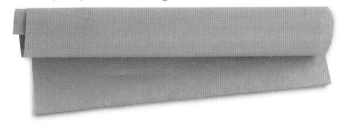

**Papel de estraza** Se utiliza en el método indirecto como revestimiento para las teselas del mosaico. Utilice papel resistente; se recomienda de 90 g.

# Técnicas y proyectos

# Cuentas y abalorios TÉCNICAS

Unas cuantas técnicas básicas son todo lo que necesita para hacer joyas artesanales. Tenga a mano un par de alicates de corte para joyería, unos alicates planos o de media caña y unos alicates de punta redonda: le ayudarán a rematar limpiamente sus joyas. Pese a que al principio pueden resultar algo complicados de manejar, con un poco de práctica podrá hacer arandelas de alambre de aspecto profesional y acoplar rápida y eficazmente piezas de bisutería.

## Hacer una arandela simple

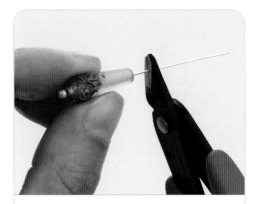

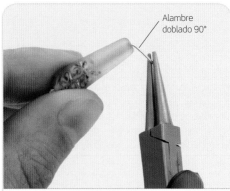

Alambre doblado 90°

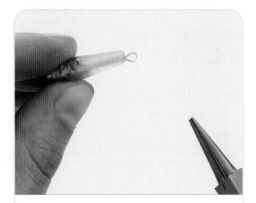

**1** Deslice una cuenta en un alfiler normal o de cabeza redonda (si el agujero de la cuenta es demasiado grande, inserte primero una mostacilla). Corte el alambre sobrante 8 mm por encima de la cuenta con unos alicates de corte.

**2** Sostenga el extremo del alambre con unos alicates de punta redonda. Doble el alambre en sentido opuesto a usted y en ángulo recto encima de la cuenta.

**3** Gire la muñeca para curvar el alambre hacia usted y hacer una arandela. Suelte el alambre, vuelva a sujetarlo y siga enrollándolo hasta obtener una arandela que parezca un círculo cerrado. Para asegurarla, ponga una gotita de cola de contacto en la junta.

## Hacer una arandela enrollada

**1** Deslice una cuenta en un alfiler normal o de cabeza redonda. Corte el alambre de sobra con unos alicates de corte, dejando que sobresalga unos 4 cm por encima de la cuenta.

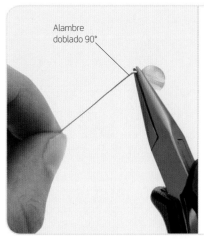

Alambre doblado 90°

**2** Sostenga el alambre con unos alicates planos, apoyando la punta del alicate en la cuenta. Doble con los dedos el alambre por encima de la punta de los alicates en ángulo recto.

**3** Con unos alicates de punta redonda, dé una vuelta al alambre alrededor de la boca de los alicates, de manera que quede en ángulo recto con respecto al alambre que sale de la cuenta.

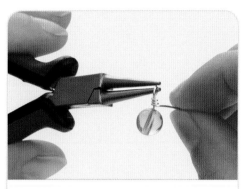

**4** Con los alicates de punta redonda pasados a través de la arandela para mantener la pieza quieta, enrolle con los dedos el alambre restante alrededor del alambre del que cuelga la cuenta.

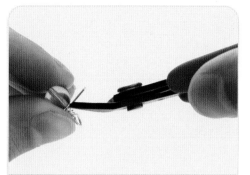

**5** Corte el alambre sobrante a ras de la cuenta con unos alicates de corte. Chafe el final cerca del alambre enrollado con unos alicates planos.

## Colocar una grapa

**1** Una grapa es una especie de pinza que sirve para sujetar lágrimas de cristal y cuentas colgantes. Abra con cuidado la grapa hasta que la separación entre las dos partes le permita insertar una lágrima de cristal o una cuenta colgante. Deslice la cuenta o la lágrima en una de las partes.

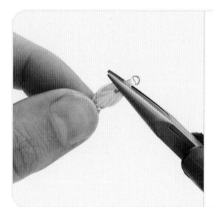

**2** Cierre la grapa con unos alicates de media caña. En función del estilo de la grapa, tal vez necesite acoplarle una argolla (abajo) para que la pieza quede encarada hacia delante.

## Acoplar una argolla

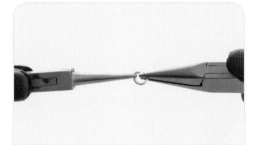

**1** Las argollas sirven para acoplar cierres a collares y para unir piezas. Sostenga la argolla entre dos alicates y gire ligeramente uno de ellos hacia la izquierda hasta que la argolla se abra lo bastante como para poder insertar la pieza de bisutería.

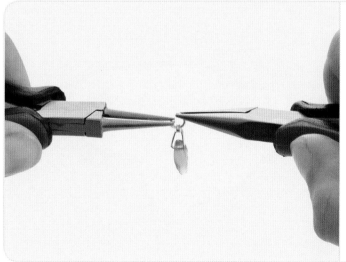

**2** Para cerrarla, sujete la argolla abierta entre dos alicates y gírelos hasta alinear la juntura. Para mayor seguridad, pegue la junta aplicando con un palillo una gotita de cola de contacto o esmalte para uñas transparente.

## Ensartar cuentas

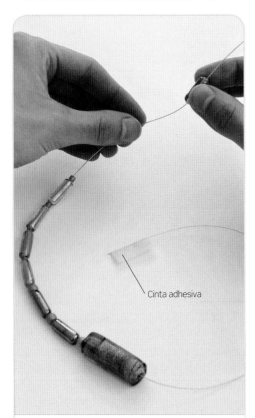

Cinta adhesiva

**Enrolle un trocito de cinta adhesiva**
alrededor de un extremo del hilo o alambre en
que ensartará cuentas para impedir que estas
se salgan. Ensarte las cuentas, avanzando
hacia fuera desde el centro de la labor. Esto
le permitirá añadir o sacar cuentas por ambos
lados hasta lograr la longitud deseada.

## Acoplar una chafa

**1** Una chafa es un cilindro metálico diminuto
que se utiliza para fijar los extremos de un
alambre flexible. Deslice primero una chafa en
el alambre y luego una argolla. Pase el cabo del
alambre de nuevo por la chafa y tire hasta que
esta quede a unos 4 mm de la última cuenta y
la argolla a 4 mm de la chafa.

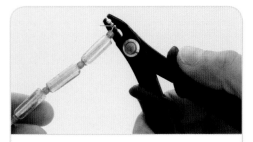

**2** Coloque la chafa en la muesca interior
de un par de alicates para chafas. Cierre
los alicates; la chafa aplastada quedará con
forma de media luna. Si no dispone de unos
alicates para chafas, utilice unos alicates
planos.

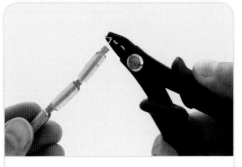

**3** Coloque la chafa en la muesca exterior
de los alicates para chafas. Ciérrelos
para redondear la forma de la chafa. Dele la
vuelta a la chafa y repita la operación para
perfeccionar su forma.

**4** Con unos alicates de corte, corte el
alambre de sobra lo más cerca posible
de la chafa. Si está haciendo un collar, repita
todo el proceso en el otro extremo.

## Fijar tapanudos

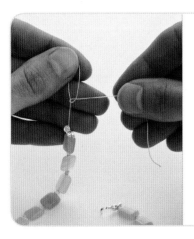

**1** Un tapanudos o calota consta
de dos semicircunferencias
unidas por una bisagra con una
arandela acoplada. Los extremos
anudados del hilo o el alambre para
ensartar cuentas se encierran en
la circunferencia para ocultarlos.
Inserte el hilo de cada extremo
del collar a través del agujero del
tapanudos. Haga un nudo grande
en el hilo y corte el sobrante.

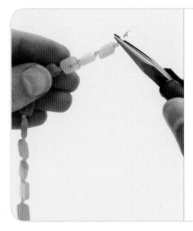

**2** Pegue el nudo con cola
de contacto en una
semicircunferencia del tapanudos.
Cierre las dos semicircunferencias
con unos alicates planos. Deslice
la arandela del tapanudos en una
argolla. Ciérrela y repita el proceso
por el otro extremo del collar, si
es la joya que está haciendo.

## Acoplar el cierre de un collar

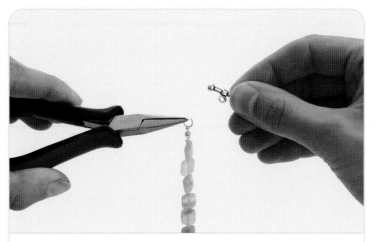

**1** Utilice dos alicates para abrir la argolla de un extremo del collar. Deslice la arandela de una mitad del cierre del collar en la argolla.

**2** Cierre la argolla con dos alicates. Aplique una gotita de cola de contacto o esmalte para uñas transparente a la junta de la argolla para mayor seguridad. Repita el proceso por el extremo opuesto del collar.

## Colocar un terminal de tubo

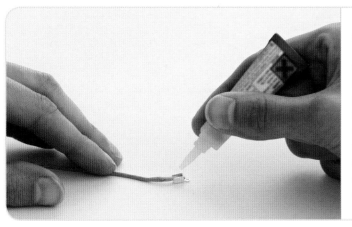

**1** Un terminal de tubo es una pieza metálica con tres lados que asegura el extremo de un material para ensartar grueso. Coloque el cabo de un cordón, cuerda o cinta fina en el centro de un terminal de tubo. Péguelo en su sitio con cola de contacto. Deje que se seque el pegamento.

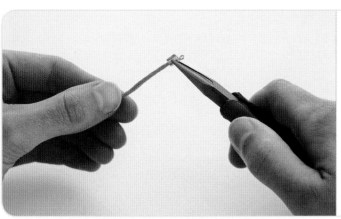

**2** Doble una cara del terminal de tubo hacia dentro con unos alicates planos y luego la otra. Con los mismos alicates, prense el terminal de tubo para cerrarlo bien. Fije una argolla a la arandela del terminal de tubo.

## Acoplar un gancho de pendiente

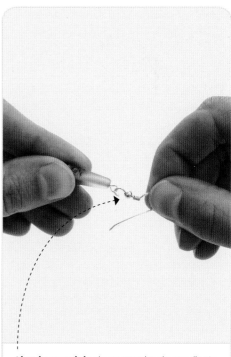

**Abra la arandela** de un gancho de pendiente con unos alicates de punta redonda. Enganche el aro de la pieza del pendiente a la arandela del gancho. Cierre la arandela con los alicates.

# *Collar de perlas* PROYECTO

Un par de delicadas cuentas con forma de corazón sirve de unión a dos tiras de perlas en este bonito collar de perlas clásicas de colores pálidos. Las perlas suelen tener unos agujeritos diminutos, de manera que para este proyecto deberá usar agujas para enfilar extrafinas. Recuerde ensartar el mismo número de perlas a ambos lados de los corazones.

## NECESITARÁ

- 160 cm de hilo para pasar collares blanco
- Tijeras de bordado
- Cinta adhesiva
- 2 agujas cortas para enfilar cuentas
- 2 perlas con forma de corazón de 1,2 cm
- 128 perlas de agua dulce naturales redondas de 3 mm
- 104 perlas de agua dulce alargadas de color melocotón de 4 mm
- 6 perlas naturales redondas de 7 mm
- 2 tapanudos dorados
- Alicates planos
- 2 argollas doradas de 4 mm
- Alicates de punta redonda
- 1 cierre de alamar

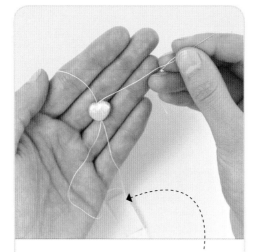

**1** Corte dos trozos de hilo para pasar collares de 80 cm de largo. Una los hilos con cinta adhesiva por el centro para impedir que las perlas se salgan por el lado opuesto. Ya que ensartará las cuentas hacia fuera desde el centro, podrá realizar en la secuencia de cuentas los cambios oportunos. Enhebre un hilo en cada aguja corta. Pase ambos hilos a través del agujero de una cuenta con forma de corazón de 1,2 cm.

**2** Separe los hilos y ensarte 16 perlas naturales redondas de 3 mm en uno de ellos y 13 perlas alargadas de color melocotón de 4 mm en el otro. Pase ambos hilos a través de una perla natural redonda de 7 mm. Repita esta secuencia dos veces. Separe los hilos y ensarte luego 16 perlas redondas naturales de 3 mm en uno de ellos y 13 perlas alargadas de color melocotón de 4 mm en el otro.

**3** Compruebe la longitud del collar y cómo se ve sobre su cuello. Si es preciso, añada o quite perlas. Enrolle un poco de cinta adhesiva en los extremos de los hilos de las cuentas y retire la cinta adhesiva del centro del collar. Ensarte el segundo corazón y las perlas en la misma secuencia que en la primera mitad del collar.

**4** Coloque un tapanudos en cada extremo del collar de modo que cubra ambos hilos y enganche su arandela a una argolla. Deslice la arandela unida a la barra del cierre de alamar a través de la argolla y ciérrela. Repita el paso en el otro extremo con la otra mitad del cierre.

# *Insectos de cuentas* PROYECTO

Cuelgue mariposas y libélulas en sus cortinas o visillos, o en sus ventanas para que destellen con la luz del sol. Si los cuelga de una cinta, pueden servir como dije para el collar para una niña. También puede usarlos para decorar la pantalla de una lámpara en la habitación de un bebé. Elabórelos tan grandes o pequeños como desee, teniendo en cuenta el tamaño de las cuentas que utilice.

### NECESITARÁ

- Alambre flexible o alambre de plata de 0,4 mm cortado en piezas de 30 cm para cada mariposa
- Alicates de corte
- Cuentas de 3–6 mm de diámetro de colores variados
- Alicates planos (opcional)
- Cinta de 5–7 mm de ancho de colores a tono

**1** Ensarte ocho cuentas negras y una blanca en el alambre; harán las veces de cuerpo y cabeza de la mariposa. Empuje las cuentas hasta el medio del alambre.

**2** Pase un extremo del alambre de nuevo a través de las tres cuentas superiores y, con cuidado, sáquelo a un lado, como en la imagen. Deje en la parte superior una pequeña arandela.

Alambre inferior

**3** Pase el otro extremo del alambre sobre la cuenta inferior y luego por entre las siguientes cuatro antes de sacarlo al lado izquierdo. Ensarte cuentas en el alambre de la derecha para formar el ala derecha superior.

**4** Una vez haya ensartado suficientes cuentas para formar esa ala, dé vuelta al alambre alrededor del cuerpo para ajustarlo en su lugar. Repita el proceso para formar el ala derecha inferior.

**5** Haga lo mismo en el otro lado para crear las dos alas de la izquierda. Curve con los dedos las cuatro alas para que su forma sea lo más parecida posible. Asegure las alas dando una vuelta a los alambres alrededor del cuerpo.

**6** Corte el alambre de sobra con unos alicates de corte. Para terminar, pase un trozo de cinta por la arandela y ate los extremos con un nudo.

# Pulseras de la amistad PROYECTO

Elabore sus propias pulseras de la amistad y regáleselas a aquellas personas que son importantes para usted. Estas pulseras, divertidas de hacer tanto para principiantes como para artesanos experimentados, pueden personalizarse escogiendo los colores favoritos del destinatario y ajustarse a cualquier tamaño de muñeca. Añada cuentas, cintas y dijes, y cambie el diseño si desea una pulsera moderna o tradicional.

### NECESITARÁ

- Tiras de cuero o hilo para bordar del color que desee
- Cuentas de cristal (opcional)

## Pulsera de cuero

**1** Tome dos tiras de cuero del largo de su brazo, aproximadamente. Haga una arandela hacia la mitad de una de las tiras y colóquela plana sobre la superficie de trabajo. Luego envuélvala con la segunda tira como se indica en la imagen. Cruce los dos extremos de la segunda tira uno sobre otro. Rodee con ellos la primera tira por el exterior y tire fuerte para hacer un nudo.

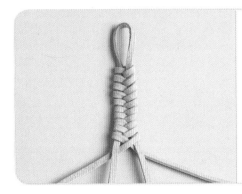

**2** Repita el proceso: cruce los extremos uno sobre otro y rodee por el exterior la primera tira hasta que la pulsera tenga la longitud deseada. Corte la tira de sobra. Para añadirle un toque decorativo a su pulsera, ensarte una cuenta de cristal a intervalos regulares a medida que la elabora.

## Pulsera de hilo anudada

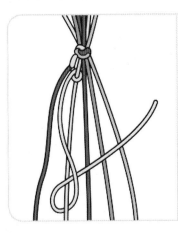

**1** Para un diseño un poco más complicado, corte seis piezas de hilo de bordar del largo de su brazo de colores distintos. Anude los hilos cerca de un extremo, a partir del cual comenzará a tejer. Tome el primer hilo de la izquierda. Páselo por encima y luego por debajo del segundo y tire para ajustarlo. Repita esta secuencia para crear un nudo doble.

**2** Haga lo mismo sobre el siguiente hilo y luego sobre el siguiente, hasta que el primer hilo llegue a estar en el extremo derecho. Repita el proceso con el segundo hilo y continúe hasta que la pulsera tenga la longitud deseada. Para terminar, anude los hilos como al inicio y corte el que sobre.

# *Alambre de plata* TÉCNICAS

Fijar cuentas en alambres retorcidos o unir un elemento con unas cuentas ensartadas en un alambre constituye una técnica fantástica para decorar joyas y complementos sencillos, como un peine, una diadema o un brazalete, o para confeccionar bonitos colgantes para añadir a un collar o colgarlos de unos ganchos para pendiente. Use alambre de 0,4 o 0,6 mm, y empiece y acabe siempre por la parte exterior de la pieza para que el alambre no le roce la piel ni la ropa.

### Hacer un ramillete de cuentas con tallos de alambre retorcido

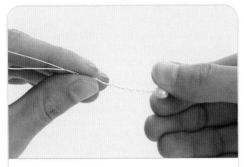

**1** Ensarte una cuenta en alambre, dejando una cola 5,5 cm más larga que la longitud del tallo retorcido más largo. Sujete la cuenta y enrolle juntos los cables hasta unos 5 cm del extremo.

**2** Doble el cabo largo hacia arriba y ensarte otra cuenta. Con la cuenta justo por debajo del nivel de la primera, retuerza los cables juntos bajo la cuenta hasta llegar a la base del primer tallo retorcido.

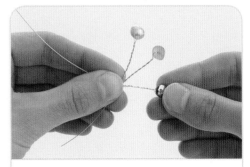

**3** De nuevo, doble el cabo largo hacia arriba. Ensarte otra cuenta y sosténgala justo por debajo del nivel de la segunda. Retuerza los cables juntos bajo la cuenta hasta llegar a la parte baja de los otros tallos retorcidos.

### Unir un ramillete de cuentas con tallo de alambre retorcido

**1** Doble el extremo corto del alambre del ramillete alrededor del objeto al que desea unirlo, acabando en la superficie que mira hacia fuera. Corte el cable de sobra. Aplane la punta con unos alicates planos.

**2** Amarre la cola larga del alambre del ramillete con varias vueltas alrededor del objeto, tensando el alambre en cada vuelta.

**3** Continúe enrollando el cabo largo alrededor del objeto, añadiendo cuentas si lo desea. (Consulte los pasos 2 y 3 de **ribete de alambre y cuentas**, en la página siguiente.)

## Ribete de alambre y cuentas

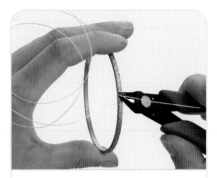

**1** Deje una cola de 5 cm y enrolle el alambre alrededor del objeto cuatro veces para sujetarlo. Corte la cola por la cara exterior con unos alicates de corte. Chafe la punta con unos alicates planos.

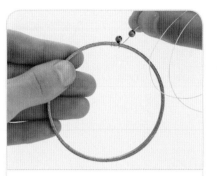

**2** Ensarte una cuenta y sosténgala contra la cara exterior del objeto. Enrolle de nuevo el alambre alrededor del objeto, tensándolo bien. Siga añadiendo cuentas y enrollando el alambre.

**3** Si se le está acabando el alambre, enróllelo cuatro veces alrededor del objeto, terminando en la cara exterior. Corte el alambre de sobra y chafe la punta contra la superficie con unos alicates planos; enrolle un nuevo trozo de alambre encima del remate del anterior y continúe el proceso.

## Rematar un ribete continuo

**Cuando llegue al final,** enrolle el alambre cuatro veces alrededor del alambre inicial. Acabe con el extremo en la cara externa del objeto. Corte el alambre de sobra y aplane la punta contra la superficie con unos alicates planos.

## Rematar un ribete en línea recta

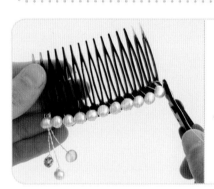

**Cuando llegue al final,** enrolle el alambre cuatro veces alrededor del objeto, acabando con el extremo en la cara externa del objeto. Corte el alambre de sobra y aplane el final contra la superficie con unos alicates planos.

## Hacer un colgante

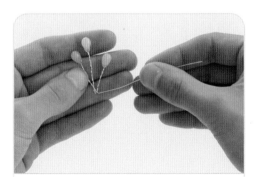

**1** En un ramillete de cuentas con tallo de alambre retorcido, corte la cola corta de alambre a ras del final de los alambres retorcidos y doble la otra cola en ángulo recto.

**2** Sujete la cola cerca del ángulo recto con unos alicates de boca redonda y haga una arandela enrollando alrededor el alambre. Acabe con la cola en ángulo recto respecto al tallo.

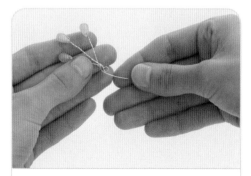

**3** Enrolle la cola cuidadosamente alrededor de los tallos retorcidos. Corte el alambre de sobra. Aplane la punta del alambre contra el alambre enrollado con unos alicates planos.

# *Portarretrato* PROYECTO

Este delicado portarretrato, una original manera de exhibir fotografías o postales, constituye un atractivo regalo. Las piedras pueden dejarse al natural o pintarse y barnizarse para un diseño más colorido. Puede llevar a cabo este proyecto con mayor o menor delicadeza, usando piedras más grandes o más pequeñas, pero asegúrese siempre de que el alambre es lo suficientemente grueso para sostener sus fotografías.

## NECESITARÁ

- Piedras planas, de unos 10 cm de diámetro
- Alambre plateado o dorado
- Alicates de corte
- Alicates planos
- Botones de 2 cm
- Pegamento
- Pinzas pequeñitas
- Fotografías o postales (para colocar en su portarretrato)

**1** Lave bien las piedras para eliminar cualquier rastro de polvo o tierra. Si lo desea, píntelas o barnícelas. Corte un trozo de alambre de 1 m aproximadamente para cada flor.

**2** Con la parte superior del botón hacia arriba, pase el alambre a través de uno de los agujeros y doble el extremo por debajo para asegurarlo. Pase de nuevo el alambre hacia arriba a través del otro agujero.

**3** Pase el alambre atrás y adelante a través de los agujeros, formando cada vez una arandela para crear los pétalos.

**4** Dé una vuelta a la piedra con el alambre, dejando un trozo como tallo y otro cabo corto extra. Gire este último sobre el otro para asegurarlo. Doble hacia arriba el cabo corto.

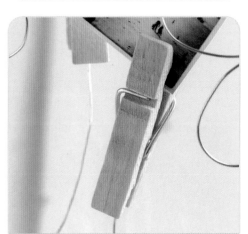

**5** Pegue uno de los lados interiores de la pinza al cabo corto. Una vez seco el pegamento, puede sujetar una fotografía o una postal con la pinza.

# *Diadema radiante* PROYECTO

Elabore esta bonita diadema como complemento para una ocasión especial. Los ramilletes de cuentas sobresalen orgullosos en la diadema, cuyos lados están decorados con cuentas y alambre enrollado. En las tiendas de abalorios encontrará diademas lisas para decorar o, si lo prefiere, puede usar una cinta estrecha para la cabeza. En este caso se usó una mezcla de cristalitos, perlas y mostacillas semipreciosas.

## NECESITARÁ

- 8 m de alambre de plata de 0,4 mm
- Alicates de corte
- Una selección de cristalitos, cuentas, mostacillas semipreciosas y perlas de 3 a 6 mm en colores variados
- Diadema plateada o una cinta para la cabeza plateada de 5 mm de ancho
- Alicates planos

**1** Corte 1 m de alambre. Siga luego las instrucciones para **hacer un ramillete de cuentas con tallos de alambre retorcido** (p. 34). Sostenga el ramillete en el borde delantero del centro de la diadema. Enrolle la cola corta a la diadema con varias vueltas. Acabe en la cara superior de la diadema y corte el cable de sobra si es preciso. Chafe el final del alambre contra la diadema con unos alicates planos.

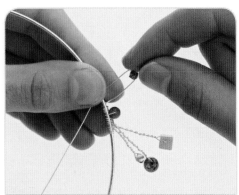

**2** Enrolle el extremo largo del alambre cuatro veces alrededor de la diadema. Ensarte una cuenta de modo que quede sobre la diadema. Enrolle el cable alrededor de la diadema otras cuatro veces. Sostenga el extremo del cable hacia arriba y ensarte una cuenta a 2 cm de la diadema. Doble el cable hacia abajo y retuerza los tallos juntos hasta llegar a la diadema. Repita los pasos 2 y 3 de **hacer un ramillete de cuentas** (p. 34) usando un alambre de idéntica longitud.

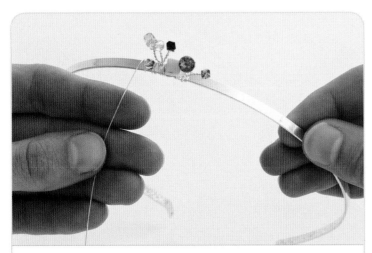

**3** Enrolle el alambre alrededor de la diadema otras cuatro veces. Siga la secuencia de añadir cuentas, enrollar el alambre a la diadema y crear ramilletes de cuentas avanzando desde el centro hacia las puntas.

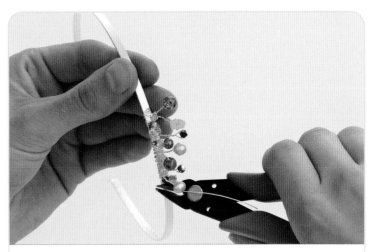

**4** Si debe rematar un trozo de alambre y añadir otro nuevo, siga el paso 3 de **ribete de alambre y cuentas** (p. 35). Siga creando ramilletes de cuentas alternados con una cuenta atada a la diadema a lo largo de 8,5 cm.

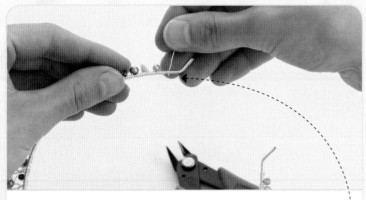

**5** Corte un trozo de alambre de 150 cm. Siga las indicaciones para hacer un **ribete de alambre y cuentas** (p. 35) alrededor de la diadema, acabando a unos 2 cm del final de la diadema. Para finalizar, siga las instrucciones para **rematar un ribete en línea recta** (p. 35). Decore la segunda mitad de la diadema de igual modo, empezando por enrollar la cola corta del alambre alrededor del centro de la diadema.

# *Esmalte en frío* TÉCNICAS

Para esmaltar en frío no se precisa ningún material especial, si bien añadiendo un endurecedor los esmaltes quedan más duros y cobran un atractivo brillo final. La gama de colores de esmaltes es amplia y, además, pueden mezclarse para crear nuevos tonos. Aplique esmaltes a monturas de camafeo o de cabujón. Puede conseguir efectos interesantes creando aguas con esmaltes de un color de contraste sobre el color de fondo o aplicando purpurina para mayor brillo.

## Mezclar colores

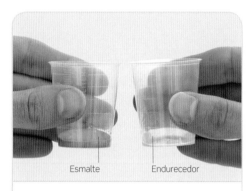

**Si desea mezclar sus propios colores,** hágalo antes de añadir el endurecedor. Vierta los esmaltes en un vaso mezclador directamente o con un palito. Mezcle los colores de manera uniforme con el palito.

## Añadir el endurecedor

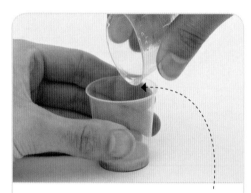

Esmalte          Endurecedor

**1** Hay que mezclar el esmalte con mucha precisión: dos partes de esmalte por cada parte de endurecedor. Vierta dos partes de color en un vaso mezclador y una parte de endurecedor en otro vaso.

**2** Vierta el endurecedor en el color y mézclelos bien. Déjelo reposar durante 10 minutos para asegurarse de que no haya burbujas. Podrá trabajar con la mezcla durante una hora. Prepare un segundo color de modo simultáneo si lo precisa.

## Limpiar el metal

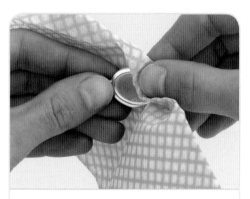

**Mientras el color reposa,** limpie la montura con un paño suave impregnado en aguarrás. Así desengrasará la superficie.

## Aplicar el esmalte en frío

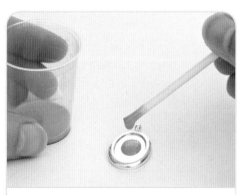

**1** Apoye la montura en una superficie plana y aplique el esmalte a la cara interior con un mezclador de cóctel o un mondadientes.

**2** Distribuya el esmalte hacia los bordes exteriores, extendiéndolo bien hasta el marco de la montura. Déjelo secar 24 horas.

## Mantener plana la montura

Soporte de arcilla polimérica

**A menudo es imposible mantener la montura plana** mientras se aplica y se seca el esmalte, por ejemplo, en un anillo. Para mantenerla plana, puede utilizar un poco de arcilla polimérica.

## Aplicar un segundo esmalte

**1** Si aplica el segundo color preparado sobre el primero inmediatamente después de dejarlo reposar, se extenderá por la superficie. Aplique el color con un palillo y muévalo en ondas para distribuirlo.

**2** Si lo prefiere, puede dejar reposar el segundo color 10 minutos más antes de aplicarlo. En este caso, no podrá extenderlo tanto.

## Aplicar el esmalte con relieve

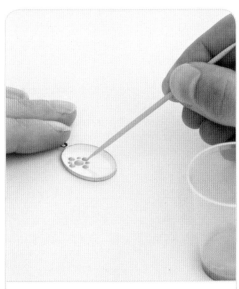

**Aplique un color de fondo** y déjelo secar durante 24 horas. Utilice un palillo para aplicar otros colores dibujando puntitos o aguas sobre el color de fondo. Estos colores quedarán en relieve. Deje secar el esmalte 24 horas.

## Aplicar purpurina

**1** Aplique un color de fondo a una montura y déjelo secar durante dos horas. Coloque la montura sobre papel reciclado y esparza purpurina por encima del color de fondo. No agite la pieza para eliminar la purpurina de sobra. Déjela en reposo durante 24 horas sin tocarla.

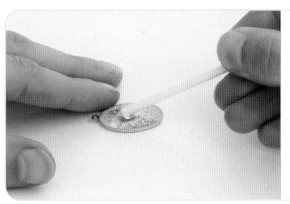

**2** Mezcle esmalte en frío transparente con endurecedor como se indica en **añadir el endurecedor** en la página anterior. Aplique la mezcla por encima, cubriendo por entero el color de fondo y la purpurina. Deje la pieza en reposo otras 24 horas.

# *Pulsera de camafeos* PROYECTO

Esta bonita pulsera es un magnífico proyecto para iniciarse en el esmalte en frío, pues es fácil de hacer. El esmalte se aplica a camafeos con una argolla a cada lado. Los camafeos se unen mediante enganches dobles. La pulsera consta de cinco camafeos y mide unos 18 cm de largo. Para acortarla, utilice menos camafeos; para alargarla, añada más o bien varias argollas adicionales en un extremo.

## NECESITARÁ

- Esmalte en frío en color azul y verde claros
- 3 vasos mezcladores
- Endurecedor de esmalte en frío
- Mezcladores de cóctel (opcional)
- Mondadientes
- 5 monturas de camafeos de plata de 3 cm con una argolla a cada lado
- Aguarrás
- Paño suave
- 6 enganches dobles de plata
- Alicates planos
- Alicates de punta redonda
- 2 argollas de plata
- 1 aro y cierre de alamar de plata

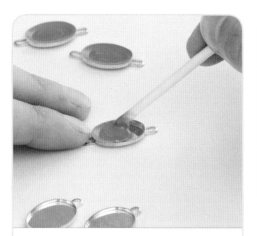

**1** Prepare los esmaltes en frío azul y verde claros con endurecedor, tal como se explica en **añadir el endurecedor** (p. 40). Mientras deja reposar los colores, limpie los camafeos con un paño humedecido con aguarrás. Aplique el color azul al fondo de todas las monturas con un mezclador o un mondadientes.

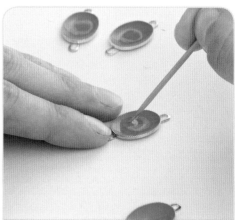

**2** Deje en reposo las monturas y el esmalte verde claro unos 10 minutos. Con un mondadientes, dibuje un círculo con el color verde claro sobre el color azul de fondo. Deje que el esmalte se seque durante 24 horas.

**3** Con la montura boca abajo, pase una arandela de un enganche doble a través de una arandela de la montura y ciérrela con unos alicates planos. Una la arandela opuesta del enganche doble a otra montura. Repita la operación hasta ensamblar todas las monturas.

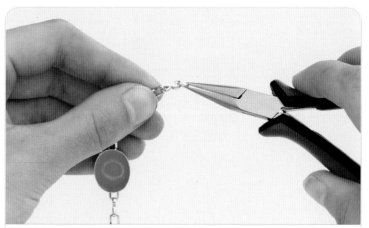

**4** Pase sendos enganches dobles por la arandela final de la primera y la última montura y ciérrelos con unos alicates planos. Deslice una argolla en la arandela final del primer enganche y ciérrela.

**5** Deslice la arandela del cierre de alamar en la argolla. Cierre la argolla con dos alicates. Repita la operación para acoplar otra argolla a la arandela final del último enganche y acople el aro del cierre.

# *Tejido de abalorios* TÉCNICAS

Tejer cuentas en telar produce una tira plana de abalorios. Necesitará un hilo de urdimbre más que el número de cuentas que haya en una fila. Cree diseños guiándose por gráficos de cuentas dibujados en papel cuadriculado, donde cada cuadrado representa una cuenta. Cosa el tejido de abalorios a una tira de piel blanda o polipiel para confeccionar un puño o una gargantilla, y átelos con una cinta, y consulte en las pp. 46–47 cómo crear un cierre de botón y presilla.

## Preparar el telar

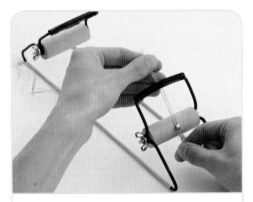

**1** Corte hilos de urdimbre al menos 30 cm más largos que la longitud que desee dar al tejido. Ate juntos los hilos por un extremo. Divida el conjunto por la mitad y deslice el nudo bajo el clavo de uno de los rodillos.

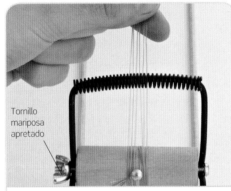

Tornillo mariposa apretado

**2** Con los hilos tensos, gire el rodillo hasta que sobresalgan 15 cm del segundo rodillo. Apriete luego el tornillo mariposa para inmovilizar el rodillo. Inserte un hilo en cada ranura del muelle.

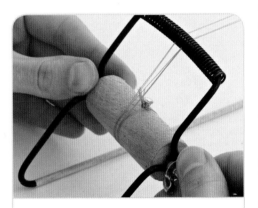

**3** Ate los extremos opuestos de los hilos de urdimbre y deslice el nudo bajo el clavo del segundo rodillo. Afloje el tornillo mariposa de este rodillo y gire el rodillo para tensar los hilos. Apriete el tornillo mariposa.

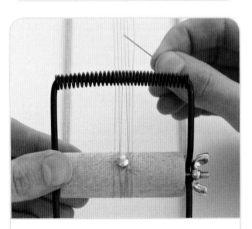

**4** Inserte los hilos en las ranuras del segundo muelle, separándolos con una aguja. Vuelva a tensarlos si es preciso aflojando el tornillo mariposa, girando el segundo rodillo y volviendo a apretar el tornillo. Los hilos deben quedar tensos.

## Tejido de abalorios

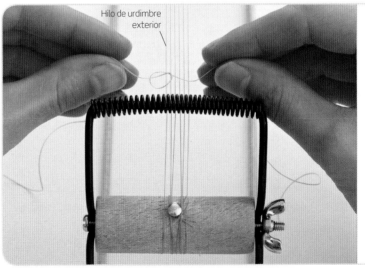

Hilo de urdimbre exterior

**1** Enhebre un hilo largo en una aguja larga para pasar collares: este será el hilo de trama. Ate el hilo de trama a un hilo de urdimbre exterior cerca del segundo rodillo, dejando tras el nudo una cola de 15 cm de longitud.

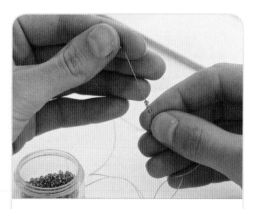

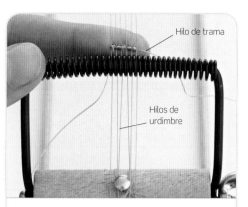

Hilo de trama

Hilos de
urdimbre

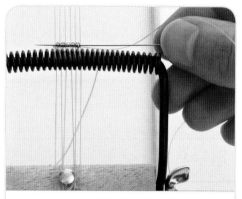

**2** Enfile en la aguja las cuentas de la primera fila. Si está siguiendo un diseño específico, consulte el gráfico correspondiente. En este caso hay seis hilos de urdimbre, de modo que deberá ensartar cinco cuentas.

**3** Deslice las cuentas por el hilo de trama, coloque el hilo en ángulo recto con respecto a los hilos de urdimbre y luego presione las cuentas hacia arriba entre los hilos de urdimbre con un dedo.

**4** Para fijar la primera fila, pase de nuevo la aguja por dentro de las cuentas; asegúrese de pasar por encima de los hilos de urdimbre. Enfile la siguiente hilera de cuentas y repita el proceso.

## Añadir un nuevo hilo de trama

**Cuando el hilo de trama** empiece a acabarse, páselo a través de varias filas de cuentas. Ate un nuevo hilo de trama a un hilo de urdimbre exterior, dejando una cola de 15 cm de longitud tras el nudo. Continúe añadiendo cuentas y tejiendo como se ha indicado.

## Alcanzar el primer rodillo

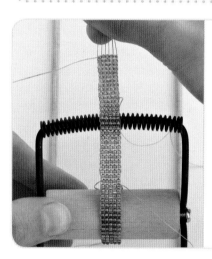

**Cuando alcance el primer rodillo,** destense ambos rodillos. Enrolle el tejido en el primer rodillo, ténselo y continúe tejiendo hasta obtener una tira de la longitud requerida.

## Rematar los lados y los extremos

**1** Afloje ambos rodillos y extraiga la labor. Teja las colas de los hilos de trama en la labor enhebrando el hilo en una aguja y pasándola por dentro de varias filas de cuentas. Corte luego el hilo de sobra a ras del tejido.

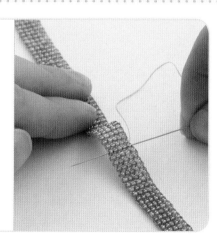

**2** Con una aguja corta para pasar collares, remate los hilos de urdimbre en la labor, tejiéndolos por encima y por debajo de los hilos de trama. Corte el hilo de sobra a ras del tejido.

# *Pulsera de abalorios* PROYECTO

Elabore esta bonita pulsera de abalorios en colores que combinen con su prenda favorita. La pulsera se cierra con un par de cuentas como botón y presillas. Cree el dibujo de rayas diagonales siguiendo el sencillo gráfico de cuentas de la p. 92. La pulsera mide 18 cm de largo. Para alargarla o acortarla, sume o reste filas de cuentas en cada extremo del gráfico.

## NECESITARÁ

- Telar
- Hilo nimo de color lila
- Tijeras
- 10 g de mostacillas o de cuentas Delica del tamaño 15/0 de color lila
- 4 g de mostacillas o de cuentas Delica del tamaño 15/0 de color verde
- 10 g de mostacillas o de cuentas Delica del tamaño 15/0 de color morado
- Aguja larga para pasar collares
- Aguja corta para pasar collares
- 2 cuentas redondas de color lila de 8 mm

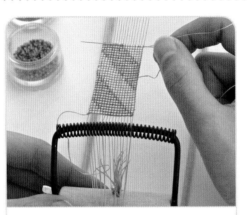

**1** Siga las instrucciones para **preparar el telar** (p. 44), utilizando 17 hilos de urdimbre de 45 cm de largo. Empiece a tejer el diseño de la p. 92 con un hilo de trama de 1 m de largo, como se indica en **tejido de abalorios, añadir un nuevo hilo de trama y alcanzar el primer rodillo** (pp. 44-45). Siga las instrucciones para **rematar los lados y los extremos** (p. 45), dejando los hilos de urdimbre 3, 4, 13 y 14 sin rematar en ningún extremo.

**2** Para añadir el botón, enhebre los hilos 3 y 4 en una aguja corta para pasar collares. Enfile dos mostacillas lilas, una cuenta redonda de 8 mm y otra mostacilla lila. Lleve la aguja hacia atrás a través de la cuenta redonda y las dos mostacillas. Ajuste el botón para que quede en el borde de la pulsera.

**3** Separe los dos hilos. Enhebre uno de ellos en la aguja corta para pasar collares e inserte la aguja a través de la cuarta cuenta de la última hilera del tejido contando desde el borde. Luego vuelva a pasarla a través de las cuentas del botón para fijarlo en su sitio.

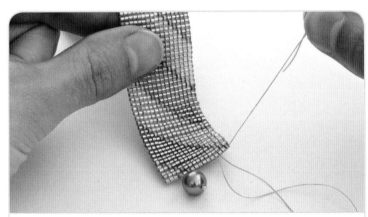

**4** Lleve la aguja enhebrada de nuevo hacia la última fila de cuentas de la pulsera y cosa entre los hilos de trama. Corte el hilo sobrante. Enhebre el otro hilo en la aguja e insértelo a través de la misma cuenta que en el paso 3, pero empezando en la dirección opuesta. Cosa el botón como se ha indicado antes y corte el hilo sobrante.

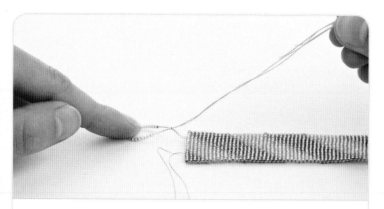

**5** Repita la operación para crear un botón con los hilos de trama 13 y 14. Para crear una presilla en el extremo opuesto de la pulsera, enhebre los hilos 3 y 4 en una aguja corta para pasar collares. Enfile 22 mostacillas lilas. Pase la aguja de nuevo a través de la primera mostacilla.

**6** Ajuste la presilla para que quede pegada al borde de la pulsera. Compruebe si pasará cómodamente por encima del botón y, en caso necesario, ajústela. Separe los dos hilos y enhebre uno en una aguja corta para pasar collares. Inserte la aguja a través de la cuarta mostacilla de la última fila del tejido y después pásela de nuevo a través de la presilla para fijarla en su sitio. Guíese por el paso 4 para rematar los hilos. Repita la operación para hacer una segunda presilla con los hilos de trama 13 y 14.

# *Arcilla polimérica* TÉCNICAS

La arcilla polimérica es fantástica para crear cuentas. Las cuentas de murrina o *millefiori* (cuentas lisas cubiertas con delgadas láminas decorativas de arcilla de colores) evocan el aspecto del cristal veneciano. Para empezar, amase un poco la arcilla hasta que quede blanda y manejable. Lávese las manos con frecuencia para evitar mezclar un color con otro.

## Mezclar los colores

**Retuerza dos bloques alargados** de arcilla de distinto color para mezclarlos. Estírelos y siga enrollándolos, dóblelos por la mitad y repita el proceso para crear un efecto marmolado. Llegado a este punto, puede usar la arcilla tal cual o seguir mezclándola hasta obtener un color uniforme.

## Estirar con rodillo una lámina de arcilla

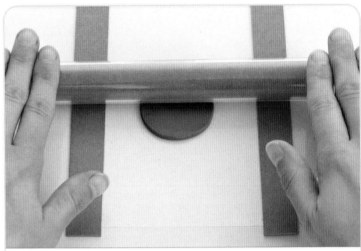

**Para estirar la arcilla** hasta que tenga un grosor específico, póngala sobre una lámina antiadherente con una tira de cartón a cada lado. Use un rodillo antiadherente para extenderla. Varíe el grosor del cartón o ponga más o menos capas de tiras para obtener láminas de arcilla más o menos gruesas.

## Hacer una murrina de espiral

**1** Estire dos láminas de 1 mm de grosor de arcilla de distinto color. Apile las láminas y, con una cuchilla flexible, córtelas formando un cuadrado de 5 cm. Aplane dos bordes opuestos con un rodillo antiadherente.

**2** Empezando por un borde aplanado, enrolle las capas bien alineadas y prietas. Amase un poco la murrina sobre una superficie plana haciéndola rodar con la mano sin apretar demasiado para suavizar la junta. Corte rectos los extremos del rollo.

## Hacer una murrina de flor

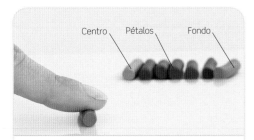

**1** Prepare ocho cilindros de 6 mm de diámetro: uno para el centro, cinco para los pétalos y dos para el fondo. Corte los cilindros con una longitud de 3 cm.

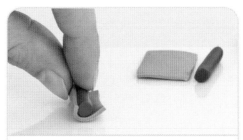

**2** Extienda una lámina de 1 mm de un cuarto color para los pétalos exteriores. Córtela en cinco rectángulos de 3 x 2 cm y enrolle uno alrededor del cilindro de cada pétalo. Hágalos rodar para suavizar las juntas y luego corte los cilindros con una longitud de 3 cm.

**3** Disponga los cilindros de los pétalos en torno al cilindro central, con los pétalos exteriores hacia fuera. Corte los cilindros del fondo a lo largo en cuartos. Coloque un cuarto entre cada cilindro de los pétalos. Haga rodar la murrina varias veces para alisar la circunferencia.

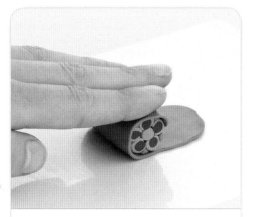

**4** Extienda una lámina del color de fondo de 2 mm de grosor y enróllela alrededor de la flor haciéndola rodar. Consulte abajo cómo hacer un colgante o siga amasando el tubo de arcilla para alargarlo. Corte rectos los extremos.

## Hacer cuentas lisas y millefiori

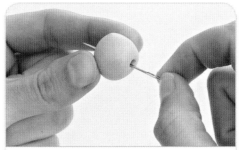

**1** Haga una bola con arcilla y perfore un agujero en el centro con una aguja gruesa. Agrande el agujero con la aguja y corrija la forma de la bola. Puede usar restos de arcilla de modelar si tiene previsto forrar la cuenta con láminas de murrina.

**2** Para hacer cuentas de murrina, corte láminas finas de una murrina de espiral y cubra con ellas la cuenta, colocándolas juntas unas de otras. Rellene los huecos con trocitos de arcilla del mismo color. Haga rodar la cuenta para alisarla y vuelva a perforar el agujero.

## Hacer colgantes

**Corte discos de arcilla** de 4 mm de grosor de una murrina de flor. Haga una perforación en la parte superior con una aguja gruesa. Hornee los colgantes planos sobre una bandeja para cocción al horno de acuerdo con las instrucciones del fabricante. Fije luego una grapa al agujero (p. 25).

## Cocer cuentas en el horno

**Ensarte cuentas en una broqueta de madera** o un alambre grueso. Apoye la broqueta en los bordes de un cuenco refractario para mantenerlas suspendidas durante la cocción. Hornee las cuentas en un horno doméstico, siguiendo las instrucciones del fabricante.

# *Cuentas millefiori* PROYECTO

Fabrique este bonito collar para lucir un conjunto de cuentas *millefiori*. Las cuentas se disponen por tamaños e incluyen algunas a topos, que son fáciles de hacer. Inserte pequeñas entrepiezas de arcilla lisa entre las otras cuentas, más grandes y decoradas, para realzar estas y ayudar a que el collar se amolde mejor al cuello. Puede usar entrepiezas de vidrio o de metal para cambiar de textura.

## NECESITARÁ

- Lámina antiadherente
- Arcilla gris claro, azul oscuro, azul medio y turquesa, y restos de cualquier color
- 2 tiras de cartón de 2 mm de grosor
- Rodillo antiadherente
- Cuchilla flexible
- Aguja gruesa
- Broqueta de madera o alambre grueso
- 80 cm de alambre flexible
- Cinta adhesiva
- 2 chafas plateadas
- 2 argollas plateadas
- Alicates planos o alicates para chafas
- 1 cierre de collar

**1** Trabajando sobre una lámina antiadherente, mezcle una bola de 3,5 cm de arcilla de color gris claro y una de 1,5 cm de color azul oscuro para lograr un tono gris medio. Mezcle dos bolas de 2 cm, una de color gris claro y otra de color turquesa para obtener un tono turquesa claro.

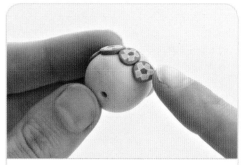

**2** Siga las instrucciones para **hacer una murrina de flor** (p. 49) con un centro azul oscuro, pétalos interiores turquesa, pétalos exteriores grises y un fondo azul medio. Amásela hasta que tenga 8 mm de grosor. Haga una cuenta lisa de 2 cm usando un resto de arcilla y perfórela por el centro con una aguja gruesa. Pegue láminas de murrina de flor presionándolas alrededor de la parte central de la cuenta.

**3** Siga las instrucciones para **hacer una murrina de espiral** (p. 48) con arcilla gris claro en el interior y azul medio en el exterior. Corte un trozo de 4 cm de murrina y amáselo hasta que tenga 6 mm de grosor. Amase el resto de la murrina hasta que alcance los 8 mm de grosor. Corte láminas de la murrina más pequeña y péguelas a la cuenta, por encima y por debajo de las flores. Haga rodar la cuenta para alisarla y vuelva a realizar la perforación.

**4** Con un resto de arcilla, haga cuatro cuentas de 2 cm, cuatro cuentas de 1,5 cm y otras cuatro de 1,2 cm. Adhiera láminas de la murrina de flor a dos cuentas de cada tamaño y de la de espiral de 8 mm al resto de las cuentas.

**5** Haga las cuentas a topos: forme cuatro bolas de 1,5 cm, cuatro de 1,2 cm y otras cuatro de 1 cm con arcilla azul medio. Perfore las cuentas con una aguja. Forme un cilindro de 1 mm de grosor de arcilla gris claro, córtelo en láminas y adhiéralas presionándolas a las cuentas azules. Haga rodar las cuentas para incrustar los topos y vuelva a perforarlas. Forme 26 cuentas de 6 mm de color gris claro para usar como entrepiezas.

**6** Siga las instrucciones para **cocer cuentas en el horno** (p. 49) y luego ensarte las cuentas en el alambre flexible. Colóquelas de más grandes a más pequeñas, desde el centro hacia fuera, y añada una entrepieza entre cada cuenta decorada. Siga las instrucciones para **acoplar una chafa** (p. 26) y **acoplar el cierre de un collar** (p. 27) para completar el collar.

# *Arcilla de secado al aire* TÉCNICAS

Algunas arcillas de secado al aire constan de dos partes: la arcilla de modelar y un endurecedor. Si desea mezclar colores para producir una tonalidad de su elección, hágalo tras incorporar el endurecedor. Después separe la cantidad de arcilla que necesite y guarde el resto en un recipiente hermético. Tenga en cuenta que la arcilla de secado al aire se encoge al secarse.

## Usar arcilla en dos partes

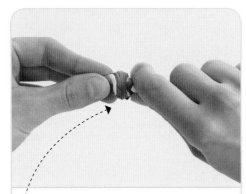

**Si usa arcilla en dos partes,** corte una cantidad equivalente de ambas y amáselas hasta que queden bien mezcladas; siga las instrucciones del fabricante. Puede que una parte sea más brillante que la otra; una vez mezcladas, no deberían quedar vetas brillantes en la arcilla.

## Mezclar los colores

**Combine los colores tras mezclar** las dos partes de la arcilla de modelar. Enrolle juntas dos barras de arcilla de distinto color y amáselas hasta obtener un color homogéneo. Guarde la arcilla restante envuelta en film transparente dentro de un recipiente hermético.

## Estirar la arcilla con un rodillo

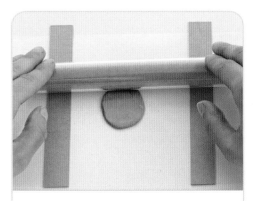

**Coloque la arcilla** entre dos tiras de cartón y sobre una lámina antiadherente. Para evitar que la arcilla se pegue, espolvoree con polvos de talco un rodillo antiadherente. Extienda la arcilla de modelar. Si necesita variar su grosor, use tiras de cartón más o menos gruesas.

## Usar una plantilla

1 Recorte la plantilla en papel vegetal y colóquela sobre la arcilla amasada. Con un cúter, corte la arcilla siguiendo la plantilla y luego retire la plantilla.

2 Retire la arcilla sobrante y guárdela envuelta en film transparente en un recipiente hermético para que no se reseque.

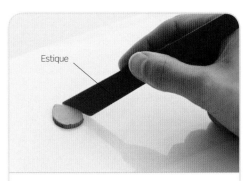

Estique

3 Alise los bordes con un estique de cantos rectos. Deslice, plana contra la superficie, una cuchilla flexible o la cuchilla de un cúter bajo la arcilla para despegarla de la lámina.

## Usar un cortapastas

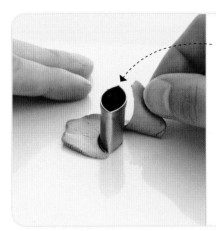

**Presione el cortapastas con fuerza** sobre la arcilla extendida. Retire la arcilla de sobra y guárdela envuelta en film transparente en un recipiente hermético. Retire el cortapastas y deslice bajo la forma de arcilla una espátula o la cuchilla de un cúter para levantarla.

## Agujerear

**Con la arcilla plana,** atraviésela con una aguja gruesa para perforarla. Para agujerear una pieza tridimensional, sostenga la pieza con cuidado y perfore la arcilla con una aguja gruesa.

## Usar una montura

**Seleccione una arcilla** que no se encoja y utilice una montura con borde liso o decorativo. Presione la arcilla en el centro de la montura y luego extiéndala uniformemente hacia fuera con el dedo pulgar hasta remeterla bien bajo el borde.

## Usar pedrería y estrás

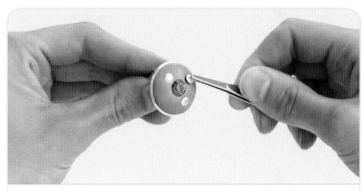

**Con unas pinzas o con un dedo humedecido,** coloque una piedra o un chatón sobre la arcilla. Si es preciso, ajuste cuidadosamente la posición con unas pinzas. Engaste la piedra en la arcilla con la punta de las pinzas.

## Crear formas tridimensionales

**Para hacer una forma tridimensional,** coloque la arcilla sobre un objeto de la forma indicada, como una pajita o una cucharilla si desea hacer una forma curva. También puede apoyarla en un trozo de film transparente arrugado.

## Secar la arcilla de secado al aire

**Para secar la arcilla** y que quede resistente, siga las instrucciones del fabricante y déjela en reposo durante 24 horas. En caso necesario, la arcilla endurecida puede alisarse lijándola con cuidado con papel de lija o con una lima.

# *Colgante de arcilla* PROYECTO

Cree un conjunto de delicadas flores con arcilla de secado al aire para lucirlas a modo de colgante en un collar largo. Cada flor incorpora unas cuantas piedrecillas de cristal brillante en el centro y cuelga de alfileres entre cuentas plateadas y cristalitos. Para obtener los mejores resultados, cree las flores por tandas de tres para que la arcilla le resulte más fácil de amasar y no se reseque.

## NECESITARÁ

- Papel vegetal
- Lápiz
- Tijeras
- 20 g de arcilla de secado al aire blanca y otros 20 g en color amatista
- Cúter
- Film transparente
- Lámina antiadherente
- Tiras de cartón de 1 mm de grosor
- Polvos de talco
- Rodillo antiadherente
- Estique de cantos rectos
- Estique redondeado
- 18 piedrecillas de 1 mm de color amatista claro
- Pinzas
- 1 aguja gruesa
- 1 alfiler de 5 cm
- 2 alfileres de 2,5 cm
- Alicates de corte
- Alicates de punta redonda
- Pegamento
- 90 cm de alambre flexible
- 32 cuentas de cristal bicónicas de 4 mm en color amatista
- 260 mostacillas plateadas
- 2 chafas plateadas
- 2 argollas
- Alicates para chafas o planos
- 1 cierre de collar

**1** Calque la plantilla de la flor de la p. 92 en una hoja de papel vegetal y recórtela. Si utiliza arcilla en dos partes, mézclelas siguiendo las instrucciones para **usar arcilla en dos partes** (p. 52). Mezcle una bola de arcilla blanca de 1,5 cm con una de arcilla amatista de 1 cm para crear un tono amatista claro. Divida la arcilla en tres partes iguales. Envuelva dos de ellas en film transparente.

**2** Amase la tercera pieza de arcilla hasta que tenga 1 mm de grosor siguiendo las instrucciones para **estirar la arcilla con un rodillo** (p. 52). Utilice la plantilla para recortar una flor de arcilla. Retire la arcilla de sobra. Retire la plantilla de papel y alise los bordes de la arcilla con una espátula de cantos rectos. Forme una bola de arcilla de 5 mm con parte de la arcilla que le ha sobrado de la flor y luego dele forma cónica. Envuelva la arcilla de sobra en film transparente.

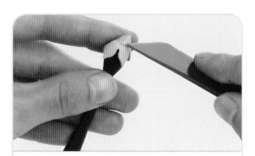

**3** Levante la flor deslizando la cuchilla de un cúter por debajo de ella. Alise la flor sobre la forma curva de un estique redondeado. Presione el cono encima. Disimule la juntura de ambas piezas alisándola con el estique de cantos rectos.

**4** Separe la flor de la herramienta y abra los pétalos. Sosteniendo la flor entre los dedos, coloque con un par de pinzas tres piedrecillas en el centro y presiónelas para incrustarlas en la arcilla.

**5** Perfore el cono con una aguja gruesa. Use los dos trozos de arcilla reservados en el paso 1 para hacer dos flores colgantes más y luego repita los pasos con un trozo de arcilla fresco para hacer otras tres flores. Deje secar y endurecer las piezas. Ensarte cuatro flores en un alfiler de 5 cm y las dos flores restantes en alfileres de 2,5 cm y siga las instrucciones para **hacer una arandela simple** (p. 24).

**6** Ensarte el alfiler largo, tres cuentas de cristal, un alfiler corto y luego una secuencia de una cuenta de cristal y diez mostacillas plateadas trece veces en un alambre flexible para pasar collares. Repita la secuencia en la otra mitad del collar. Para acabar, consulte las instrucciones para **acoplar una chafa** (p. 26) y **acoplar el cierre de un collar** (p. 27).

# Arcilla metálica TÉCNICAS

Esta arcilla es un material fabuloso. Al inicio puede parecer poco atractivo, pero, una vez cocida, se convierte en un precioso metal. Consiste en partículas finas de metal puro mezcladas con aglutinantes orgánicos y agua. Puede quemarse en un hornillo de gas o con un soplete de cocina, lo cual la hace adecuada para su uso en casa; también puede cocerse en un horno.

## Preparar arcilla metálica

## Estirar arcilla metálica con un rodillo

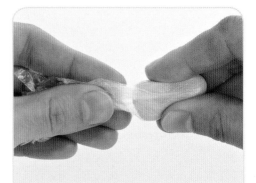

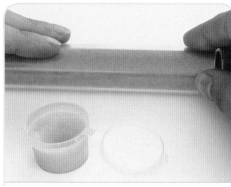

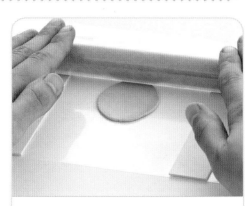

**Separe solo la arcilla** que necesite y guarde el resto envuelta en film transparente en un recipiente hermético. Envuelva la arcilla que esté usando en film transparente y amásela unos segundos para ablandarla.

**1** Unte con abundante crema, bálsamo de manos o aceite un rodillo antiadherente para evitar que se pegue.

**2** Coloque la arcilla sobre una superficie antiadherente con una tira de cartón de al menos 2 mm de grosor a cada lado. Extienda la arcilla, apoyando los extremos del rodillo en las tiras de cartón.

## Texturizar

## Usar un cortapastas

**Unte un sello de goma o una almohadilla** texturizada con un poco de crema o aceite. Presiónelo con fuerza y de modo uniforme sobre la arcilla para hacer un grabado.

**1** Unte con crema, bálsamo de manos o aceite un cortapastas metálico. Presione el cortapastas con fuerza en la arcilla. Retire la arcilla de sobra y luego levante el cortapastas.

**2** Envuelva en film transparente la arcilla de sobra y guárdela en un recipiente hermético. Con una espátula de cantos planos, alise los bordes de la forma cortada con unos golpecitos.

## Agujerear la arcilla

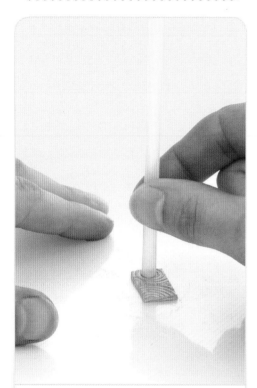

**La arcilla encogerá** entre un 8 y un 10% cuando la queme, de manera que haga un agujero lo bastante grande para que quepa lo que quiera insertar en él. Perfore la arcilla con una cañita de beber o con una aguja gruesa.

## Lijar la arcilla

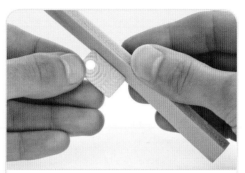

1 Deje secar las piezas unos cuantos días. Maneje la arcilla metálica con delicadeza y lije los bordes toscos con una esponja para lijar.

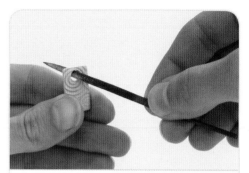

2 Utilice una lima de aguja para agrandar o arreglar los agujeros. Puede lijar la pieza tras quemarla, pero es más fácil hacerlo ahora.

## Cocer en un hornillo de gas

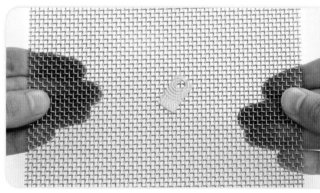

**Disponga la arcilla sobre una lámina** de malla de acero inoxidable. Coloque la malla sobre un hornillo de gas y encienda el fuego a máxima potencia: la arcilla humeará unos segundos. Caliéntela durante 10 minutos, apague el gas y deje enfriar la arcilla.

## Pulir el metal

1 Tras cocer la arcilla, cepíllela con un cepillo de cerdas de latón suaves para darle un acabado satinado. Para un acabado reflectante, púlala con papel para pulir grueso humedecido y luego con papel fino también humedecido.

2 Para acabar, abrillántela con un paño para pulir, que aportará brillo a las zonas en relieve. También puede conseguir brillo puliendo la pieza con una aguja de ganchillo o el dorso de una cucharilla.

## NOTA DE SEGURIDAD

**Consulte siempre las instrucciones** del fabricante de la arcilla. Pueden cocerse en un hornillo de gas piezas de hasta 5 x 3 cm. La arcilla debe estar seca antes de cocerla; si no, podría «estallar» y quemarse. Para más seguridad, coloque una jaula de malla de acero inoxidable sobre la arcilla mientras la cuece.

**También puede quemar la arcilla** con un soplete de gas butano o en un horno. Para usar un soplete, coloque la arcilla, completamente seca, sobre un ladrillo cerámico y este sobre una superficie refractaria. Dirija la llama en un ángulo de 45°, a unos 5 cm de distancia de la arcilla. Desplace la llama alrededor de la pieza y del fuego, siguiendo las instrucciones del fabricante de la árcilla.

# *Broche de pájaro* PROYECTO

Este broche de pájaro es de plata en un 99,9% y sería un regalo maravilloso… ¡si no decide quedárselo para usted! El pájaro tiene un acabado satinado, mientras que el ala se ha pulido hasta quedar reflectante. La sencilla decoración se ha creado con un par de alfileres de modista. Como toque final, se cuelgan unos alfileres con cuentas bajo el pájaro a modo de pintorescas patas.

## NECESITARÁ

- Papel vegetal
- Lápiz, tijeras y cúter
- 12 g de arcilla metálica plateada
- Lámina antiadherente
- 2 tiras de cartón de 2 mm de grosor
- Crema de manos o aceite
- Rodillo antiadherente
- Film transparente
- Pincel medio
- Jarra de agua
- Aguja gruesa
- Estique de cantos planos
- Alfiler de modista con cabeza plana
- Alfiler de modista con cabeza de cristal

- Papel de lija fino
- Lima de aguja
- Lámina de malla de acero inoxidable
- Cepillo de cerdas de latón suaves
- Papeles para pulir
- Paño para pulir
- 2 alfileres de plata de ley de 3,5 cm
- 2 cuentas azules de 5 mm
- 2 cuentas alargadas de plata de ley de 4 mm
- Alicates de punta redonda
- Imperdible
- Pegamento de resina epóxica

**1** Calque las plantillas del pájaro y del ala de la p. 92 en papel vegetal y recórtelas. Siga las instrucciones para **preparar arcilla metálica y estirar arcilla metálica con un rodillo** (p. 56), y amase la arcilla hasta que tenga unos 2 mm de grosor. Coloque las plantillas sobre la arcilla y recórtelas con un cúter. Retire las plantillas y la arcilla de sobra, y guarde esta envuelta en film transparente en un recipiente hermético.

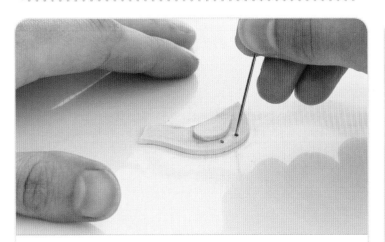

**2** Levante el ala deslizando un cúter por debajo. Humedezca la cara inferior con agua. Coloque el ala sobre el pájaro. Consulte la plantilla para saber dónde perforar los dos agujeros para las patas con una aguja gruesa. Gire la aguja para agrandar los agujeros, teniendo en cuenta que la arcilla se encogerá al cocerla.

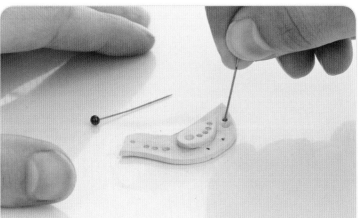

**3** Alise el contorno del pájaro dándole unos golpecitos con el estique de cantos rectos. Utilice la cabeza plana de un alfiler para marcar el ojo del pájaro. Para añadir otros adornos, presione la cabeza de cristal de un alfiler sobre el cuerpo y el ala del pájaro y luego la cabeza del alfiler normal.

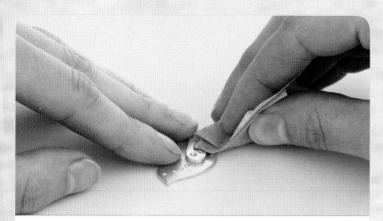

**4** Siga las instrucciones para **lijar la arcilla y cocerla en un hornillo de gas** (p. 57). Pula el pájaro por ambas caras con un cepillo de latón suave. Pula el ala con un papel para pulir humedecido, empezando por un papel grueso y acabando con uno fino; luego púlala con un paño para pulir para darle el brillo final.

**5** Cuelgue una cuenta azul y una alargada de plata en cada alfiler y siga las instrucciones para **hacer una arandela simple** (p. 24). Abra la arandela de un alfiler y métala por el agujero de una de las patas. Cierre la arandela con unos alicates de punta redonda. Repita la operación con el segundo alfiler. Adhiera con cola un imperdible al reverso del pájaro.

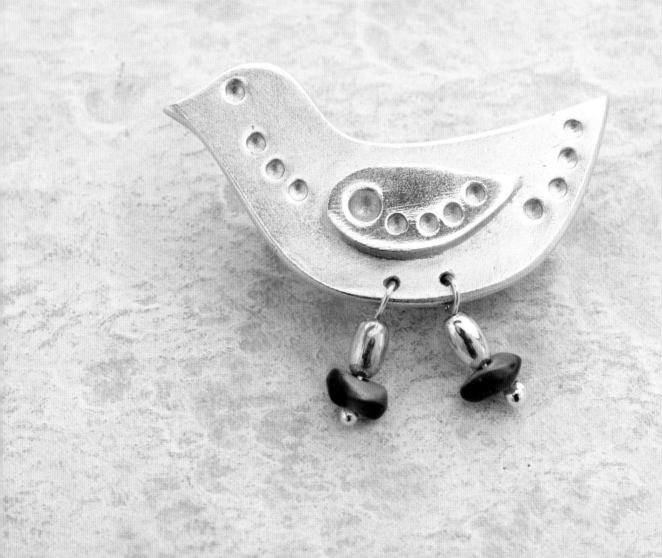

# *Dije de arcilla metálica* PROYECTO

Este dije tiene un aspecto delicado y parece costoso, pero puede hacerlo usted mismo fácilmente por muy poco dinero. Para elaborarlo se ha usado una hoja real y la plantilla de la p. 92, pero puede adaptar el diseño a la forma que prefiera. Si se seca la arcilla, rehidrátela con agua.

## NECESITARÁ

- Pulverizador de aceite
- Papel de horno o lámina antiadherente
- Rodillo antiadherente
- Baraja
- 7 g de arcilla metálica
- Hojas o esqueletos de hojas
- Cúter
- Aguja gruesa
- Papel de lija seco y húmedo de

- grano 600 y esponja para lijar de grano 220
- Azulejo resistente al calor o lámina de malla de acero inoxidable
- Soplete de cocina
- Pinzas
- Cepillo de cerdas de latón suave
- Cuchara de metal
- 2 pares de alicates
- Argolla
- Cadena

**1** Pulverice un poco de aceite sobre el papel de horno, el rodillo y sus manos para evitar que la arcilla se pegue. Coloque sobre el papel dos montones de cartas (cuatro en cada uno) separados entre sí unos 5 cm; le servirán para obtener el grosor de la arcilla necesario. Amase bien la arcilla, colóquela en el centro y estírela.

**2** Levante la lámina de arcilla y coloque en el centro del papel de horno una hoja o un esqueleto de hoja; ponga encima la arcilla y sobre ella otra hoja o esqueleto de hoja. Con las cartas en el mismo sitio, pase de nuevo el rodillo para transferir a la arcilla la textura de la hoja por ambos lados.

**3** Retire las hojas y corte la forma del dije utilizando la plantilla de la p. 92. Con una aguja gruesa haga un agujero a unos 5 mm de la parte superior lo suficientemente grande para que la argolla se mueva sin problema. Recoja los restos de arcilla, envuélvalos en film transparente y guárdelos en un recipiente hermético.

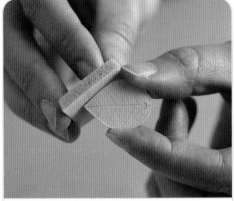

**4** Deje secar la pieza durante toda la noche. Lije cuidadosamente siguiendo las instrucciones para **lijar la arcilla** (p. 57).

**5** Coloque la pieza sobre un azulejo. Sostenga el soplete a unos 5 cm y queme la arcilla desplazando la llama de modo uniforme (p. 57). La hoja empezará a brillar; debe mantenerla así durante dos minutos. Deje enfriar la pieza sobre el azulejo o levántela con cuidado con unas pinzas y métala en agua fría.

**6** La pieza tendrá un color blanco opaco cuando se enfríe. Cepíllela con un cepillo de latón suave para conseguir su color plateado. Consiga brillo puliéndola con el dorso de una cuchara de metal. Siga las instrucciones para **acoplar una argolla** (p. 25). Cuelgue el dije de una cadena.

# *Falso vitral* TÉCNICAS

Usando una combinación de vinilo de colores y cinta de plomo adhesivos sobre un soporte de vidrio transparente, para una ventana, por ejemplo, esta técnica permite crear el efecto visual de un vitral sin necesidad de herramientas especializadas. El vinilo se vende en diversos colores y el plomo en distintos anchos, por lo que las posibilidades de trabajo no tienen fin.

## Limpiar el vidrio

## Dibujar y colorear el diseño

Limpie el soporte de vidrio con alcohol de quemar para eliminar de la superficie cualquier resto de grasa, huellas dactilares o manchas. Lávelo en agua tibia con jabón, aclárelo y séquelo bien.

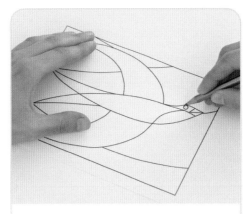

**1** Marque el tamaño del soporte de vidrio en una hoja de papel. Dibuje el diseño de forma que cubra el espacio disponible. Duplique el diseño para usarlo más tarde (abajo).

**2** Coloree su diseño. Puede que deba probar distintas combinaciones de color antes de elegir la mejor. Corte el papel por el límite del diseño.

## Cortar las piezas de vinilo autoadhesivo

**1** Coloque las láminas de vinilo autoadhesivo una sobre otra. Sujete el diseño en una ventana con la primera hoja de papel encima. Trace la forma con un rotulador permanente.

**2** Con unas tijeras afiladas, corte el vinilo siguiendo la línea dibujada. Repita el proceso para cada área coloreada del diseño.

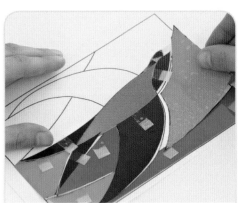

**3** Organice las piezas de vinilo sobre un duplicado del diseño para asegurarse de que no falta ninguna. Cuando las tenga todas cortadas, puede comenzar a aplicarlas.

## Aplicar el vinilo autoadhesivo de colores

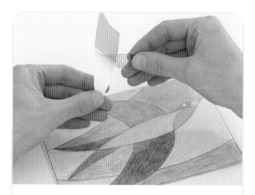

**1** Fije con Blu-Tack el diseño a la parte trasera del soporte de vidrio para que pueda verlo mientras trabaja. Tome la primera pieza de vinilo y despegue la lámina posterior.

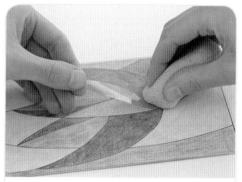

**2** Empiece por un extremo. Vaya colocando el vinilo y presionando a la vez con una esponja para pegarlo y eliminar cualquier burbuja; también puede hacerlo con un lado del pulgar.

**3** Repita el proceso con las otras piezas recortadas hasta que el diseño esté completo.

## Cortar y aplicar la cinta de plomo adhesivo

**1** Corte la tira de plomo un poco más larga de lo necesario con unas tijeras. Póngala sobre el diseño; marque el lugar en el que debe cortar.

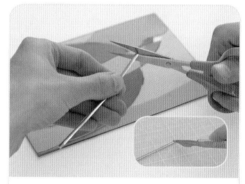

**2** Corte la tira por la marca en el ángulo correcto para seguir la línea del diseño. Use unas tijeras o un cúter y una alfombrilla de corte.

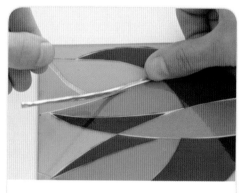

**3** Retire el papel del reverso de la cinta poco a poco. Pegue la tira a lo largo de la línea del diseño.

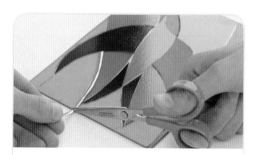

**4** Corte la cinta de plomo a ras del borde del soporte de vidrio. Siga pegando el plomo adhesivo hasta completar el diseño.

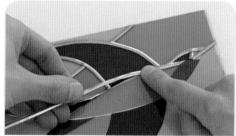

**5** Cuando una tira de plomo se una a otra, córtela en ángulo. Asegúrese de que las tiras finales cubren las uniones y terminaciones para un buen acabado.

**6** Fije el plomo al vidrio presionándolo con un buril plano. Lávese bien las manos.

# *Florero con falso vitral* PROYECTO

Siga los pasos siguientes para transformar un florero liso añadiéndole una franja de falso vitral. En un luminoso alféizar, la luz traspasará este diseño geométrico estilo Mondrian dando a la habitación un toque de color. Este tipo de franjas también funcionan en vasos cilíndricos o en marcos de cristal.

## NECESITARÁ

- Florero rectangular
- 2 hojas de papel
- Lápiz
- Lápices de colores
- Regla
- Rotulador permanente de punta fina
- Tijeras
- Cinta de carrocero
- Varias láminas de vinilo autoadhesivo
- Blu-Tack
- Rollo de cinta de plomo adhesiva de 3 mm

**1** Después de limpiar el florero (p. 62), corte un trozo de papel que dé la vuelta a todo el interior del vaso. Dibuje y coloree su diseño y haga un duplicado. Trace las formas sobre el vinilo adhesivo utilizando un rotulador permanente de punta fina.

**2** Corte las piezas de vinilo adhesivo con unas tijeras. A medida que avanza, pegue las piezas a uno de los diseños sobre papel con cinta de carrocero. Las piezas que cubran las esquinas deben ser más largas de lo que marca el diseño, considerando el grosor del vidrio.

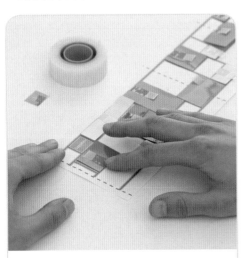

**3** Una vez haya cortado las piezas, termine de pegarlas al diseño duplicado sobre papel y verifique que tiene todas las que necesita.

**4** Fije el diseño sobre papel en la parte interna con Blu-Tack. Pegue las piezas de vinilo autoadhesivo de una en una, tomándolas del diseño duplicado en que las había colocado.

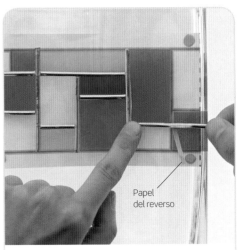

Papel del reverso

**5** Corte tiras de plomo para las líneas cortas. Despegue el papel del reverso y fíjela de modo que coincida con el diseño. Avance hasta que todas las tiras estén en su sitio.

Las tiras de plomo superior e inferior son las últimas en pegarse

**6** Corte dos tiras largas de plomo para formar los bordes de la franja. Retire el papel del reverso, colóquela en su lugar y corte la cinta sobrante. Presione con el buril.

# *Pintura sobre vidrio* TÉCNICAS

Pintar vidrio es una artesanía barata que requiere poquísimos útiles y materiales. Es, además, un modo excelente de reciclar cristalería vieja y darle nueva vida. El vidrio transparente es el más versátil, pero también puede utilizarse vidrio de colores y esmerilado. La pintura para vidrio vuelve transparente el vidrio esmerilado. Practique pintando sobre acetato o una pieza vieja de vidrio antes de embarcarse en un proyecto.

## Hacer una plantilla para un recipiente de lados rectos o cónico

**1** Deslice un trozo de papel de calco dentro del recipiente de lados rectos o cónico. Ajústelo de manera que se apoye contra el vidrio y después péguelo en su sitio con cinta adhesiva. Marque la posición del solapamiento y el borde superior con un lápiz.

**2** Retire el papel de calco y recorte la plantilla a lo largo del solapamiento y el borde superior. Con un rotulador negro, transfiera su diseño al papel de calco. Pegue el papel de calco por dentro del vidrio con cinta de carrocero, uniendo bien los bordes laterales de la plantilla.

## Pegar una plantilla en una superficie esférica

**1** Para utilizar una plantilla en un objeto esférico de vidrio hay que adaptar su forma. Realice unos cortes en la plantilla con unas tijeras.

**2** Pegue la plantilla en la parte posterior del vidrio por arriba y por abajo. Los cortes se solaparán o se abrirán para amoldarse a las curvas del objeto.

## Transferir un diseño

**1** Si la boca del objeto es demasiado pequeña para pegar la plantilla por dentro, puede transferir el diseño a la superficie externa del vidrio con un lápiz graso. Dele la vuelta al papel de calco y repase las líneas con el lápiz.

**2** Pegue la plantilla al vidrio, con la cara del dibujo con lápiz graso sobre el objeto. Repase las líneas de nuevo con un lápiz HB afilado para transferir el dibujo al vidrio. Retire la plantilla.

## Aplicar un perfilador

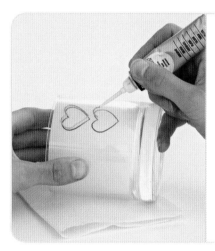

**1** Apoye el objeto sobre papel de cocina y, con la plantilla en su sitio, apriete el tubo del perfilador y aplíquelo alrededor de todo el contorno del diseño. Limpie de inmediato los errores más clamorosos con papel de cocina. Déjelo secar y luego gire el objeto para continuar.

**2** Cuando el perfilador esté seco, raspe las manchas que hayan podido quedar con un cúter. Una vez pintado el objeto, la mirada de quien lo observe se posará en las zonas pintadas y no en el perfilador, de manera que no hay que obsesionarse con dejarlo perfecto.

## Pintar sobre vidrio

**1** Apoye el objeto sobre papel de cocina y aplique generosamente la pintura para vidrio con un pincel medio. Use un pincel fino para aplicar la pintura en las esquinas. Si trabaja sobre una superficie curva, mantenga el vaso estable para evitar que la pintura chorree por un lado.

**2** Para mezclar dos colores, aplíquelos ambos sobre el vidrio y luego mézclelos en el punto en que confluyen, asegurándose de que la pintura alcance el borde del perfilador. Deje secar la pintura y luego gire el vaso para continuar pintando.

# *Lamparilla* PROYECTO

Cree un juego de bonitas lamparillas pintadas en cálidos tonos rojos y naranjas perfilados en dorado. La luz de las velas realzará las flores pintadas al resplandecer a través de la pintura transparente para vidrio. Utilice motivos simples en distintas combinaciones para imprimir más personalidad al juego de lamparillas. Para un delicado toque final, decore los motivos con unos puntitos de perfilador.

## NECESITARÁ

- Vaso pequeño de vidrio transparente y lados rectos
- Papel de calco
- Tijeras
- Lápiz
- Regla
- Rotulador negro
- Cinta de carrocero
- Papel de cocina
- Perfilador dorado
- Hoja de papel blanco
- Pinturas para vidrio transparentes en tonos naranja, rojo y amarillo
- Pincel redondo medio y fino

**1** Haga una plantilla y divídala en varias partes, en función del diámetro de su vaso y de la medida del motivo de la flor y la hoja (3 cm); en este caso se ha dividido en cinco partes. Calque con el rotulador el motivo de la p. 92 en cada parte, a 6 mm del borde superior. Pegue por dentro del vaso la plantilla con cinta de carrocero.

**2** Apoye el vaso de lado sobre papel de cocina y calque el motivo superior con un perfilador dorado. Déjelo secar. Gire el vaso y repita la operación hasta perfilar todos los motivos. Una vez seco el perfilador, retire la plantilla.

**3** Deslice un trozo de papel blanco dentro del vaso para ver bien la zona que debe pintar. Aplique pintura naranja en el borde de los pétalos con un pincel medio. Pinte con pintura roja la parte interior con un pincel fino. Mezcle los colores en el centro. Déjelos secar y limpie los pinceles.

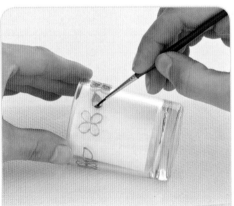

**4** Pinte de amarillo la punta de la hoja con un pincel fino. Aplique pintura naranja al borde redondeado con un pincel medio. Mezcle los colores en el centro de la hoja. Déjelos secar, gire el vaso y siga pintando.

**5** Cuando el último motivo esté seco, aplique un punto de perfilador dorado en el centro de la flor para marcarlo. Aplique tres puntitos a lo largo del centro de los pétalos y luego cinco puntos a lo largo de la hoja. Repita esta operación en todos los motivos. Deje secar el perfilador.

# Pintura sobre porcelana TÉCNICAS

Trabajar con pinturas para cerámica es lo más parecido a vidriar cerámica con color sin tener que invertir en material caro, como un horno especial para cocer y fijar el color. Existen pinturas para cerámica en multitud de colores y son fáciles y seguras de utilizar. Pinte el objeto de porcelana de su elección y cuézalo en el horno para fijarlo al calor.

## Imprimir la superficie

## Esbozar y transferir un diseño

**1** Esboce sus ideas en un papel: es recomendable calcar primero el perfil del objeto a pintar para establecer el marco dentro del cual debe encajar el diseño.

**2** Una vez esté satisfecho con un diseño, transfiéralo a la cerámica. Puesto que cuesta marcar con un lápiz una superficie vidriada, transfiera el diseño usando un pincel fino y pinturas para cerámica y luego lave o limpie los posibles errores.

**Utilice un paño** impregnado en aguarrás para limpiar la superficie de la cerámica, desengrasarla y prepararla para pintarla. Déjela secar.

## Experimentar con el color

**Utilice un azulejo blanco y liso** para mezclar colores y experimentar con efectos pictóricos (conciba el azulejo como una paleta de pintor). Añada blanco a los colores para volverlos más sólidos y menos opacos.

## Lograr efectos distintos con pinceles

**Con pinceles distintos** obtendrá resultados también distintos: un pincel de cerdas suaves produce pinceladas suaves y delicadas, mientras que un pincel duro crea un efecto veteado. Utilice pinceles de distinto grosor para producir líneas más finas o más gruesas.

## Aclarar los pinceles

**Aclare los pinceles** en agua fría en cuanto termine de utilizarlos.

## Pintar con una esponja

**1** Vierta un poco de pintura para cerámica en un platito o en un azulejo (en lugar de mojar directamente la esponja en el bote de pintura). Para empezar a pintar, tenga a mano una esponja de maquillaje seca.

Esponja de maquillaje seca

**2** Humedezca la esponja con la pintura y pinte a toquecitos la superficie. Conseguirá un color más denso si deja que la pintura se seque y luego aplica una segunda capa de color. Aclare la esponja en agua fría tras su uso.

## Conseguir un efecto esgrafiado

**En esta técnica pictórica,** el color se rasca para revelar la superficie inferior. El término procede de la palabra italiana *sgraffiare*, que significa «arañar». Rasque con un mondadientes o el mango de un pincel de madera la pintura húmeda para conferirle un efecto rayado.

## FIJAR PINTURAS PARA CERÁMICA

**Una vez seca la pintura,** introduzca la cerámica pintada en un horno frío y caliéntelo a la temperatura recomendada. Cueza la cerámica durante el tiempo indicado, luego apague el horno y déjela enfriar dentro. No retire la cerámica del horno mientras esté caliente, ya que el cambio repentino de temperatura podría resquebrajarla.

# *Cuenco-fruta* PROYECTO

Este proyecto, sencillo a la par que resultón, transforma un cuenco de cerámica blanco en un original cuenco-fruta que aportará luz a cualquier cocina. Aquí nos hemos inspirado en una sandía, pero puede sustituirla perfectamente por una manzana pintando el exterior del cuenco de rojo o verde, el interior en color crema y las semillas al fondo del cuenco.

## NECESITARÁ

- Cuenco de cerámica blanco
- Paño
- Aguarrás
- Pincel grueso de 1 o 2 cm de ancho
- Pinturas para cerámica en colores verde, rojo coral y marrón oscuro
- Mondadientes
- Plato llano
- Esponja de maquillaje
- Pincel fino

**1** Con un paño empapado en aguarrás, limpie toda la superficie del cuenco, por dentro y por fuera. Déjelo secar antes de pintar el exterior del cuenco.

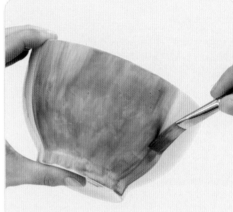

**2** Con un pincel grueso, aplique la pintura verde a pinceladas rectas y rápidas. Empiece por la base del cuenco y avance hacia el borde. Procure no dejar huecos entre las pinceladas.

**3** Pinte toda la superficie exterior del cuenco. Póngalo boca abajo y, con la pintura aún húmeda, vuelva a pasarle un pincel seco para darle textura. Hágalo deprisa, pues la pintura se seca enseguida, pero asegúrese de que la pintura no esté demasiado pegajosa ya que, de lo contrario, podría salir con la segunda pasada.

**4** Para crear aún más textura, haga unas marcas de esgrafiado mientras la pintura está aún húmeda. Utilice un mondadientes para rascar líneas de pintura desde el borde hasta la base del cuenco. Déjelo secar durante 24 horas.

**5** Vierta la pintura roja en un plato y moje en ella una esponja para maquillaje seca. Dé unos toquecitos con la esponja en el borde del plato para eliminar la pintura sobrante. Empiece a pintar por la base del cuenco y avance por las paredes hasta llegar al borde y encontrar la pintura verde. Vaya aplicando la pintura a golpecitos suaves. Déjela secar 15 minutos.

**6** Para pintar las pepitas, moje un pincel fino en la pintura marrón y pinte unos puntos alargados en el interior del cuenco. No recargue demasiado el pincel o la pintura se escurrirá. Deje secar el cuenco durante 24 horas y luego cuézalo en el horno según las instrucciones del fabricante. Deje que el cuenco se enfríe por completo en el horno antes de sacarlo.

# *Jarrón pintado* PROYECTO

Un poco de pintura y un diseño creativo convierten un jarrón liso en el regalo perfecto para una compañera de trabajo o una amiga. Practique dibujar sobre papel puntos uniformes y líneas suaves antes de hacerlo sobre la porcelana; luego podrá dibujarlos en cualquier punto del jarrón representando las semillas de diente de león. Use la plantilla de la p. 92 o cree su propio diseño.

## NECESITARÁ

- Toallitas húmedas o un paño húmedo
- Aguarrás
- Jarrón de cerámica liso
- Tijeras
- Papel de calco rojo
- Cinta de carrocero
- Bolígrafo negro
- Rotulador permanente negro

**1** Antes de comenzar, limpie el jarrón con una toallita húmeda o un paño empapado en aguarrás, así eliminará el polvo y grasa que pueda tener la superficie. Fotocopie la plantilla de la p. 92 y amplíela o redúzcala según el tamaño de su jarrón.

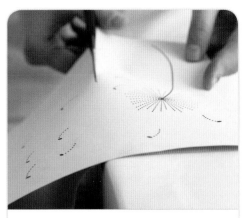

**2** Coloque el papel de calco por detrás de la plantilla y recorte el motivo de diente de león principal de modo que encaje en el jarrón. Recorte por separado las semillas de diente de león que dibujará en el florero.

**3** Coloque la plantilla del diente de león con el papel de calco por detrás en la parte delantera del jarrón, y fíjela con cinta de carrocero. Fije también, dispersas alrededor de la cabeza de diente de león y en uno de los laterales, las semillas. Es mejor pintar solo dos lados a la vez para evitar tener que dar la vuelta al jarrón y que presione sobre la base el papel de calco.

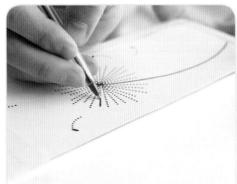

**4** Transfiera el dibujo a la cerámica trazándolo de modo firme con un bolígrafo negro. Marque líneas rectas por encima de los puntos para realzarlos. Retire el papel y asegúrese de que las líneas se ven bien. Si no es así, limpie el motivo con un paño, corte otro trozo de papel de calco y repita el proceso presionando más las líneas con el bolígrafo.

**5** Utilice un rotulador permanente negro para dibujar el tallo del diente de león con una sola línea continua. Con la plantilla como guía, rellene el resto de las líneas del diseño de diente de león con puntos. Procure que los espacios entre ellos sean iguales y trabaje rápido para evitar manchones. Añada líneas cortas y sólidas en los extremos de las semillas y rellene de nuevo las líneas con puntos.

**6** Gire el jarrón para dibujar un lateral.
Transfiera el diseño y retire la plantilla.
Añada puntos y líneas cortas y sólidas como lo
hizo antes. Deje secar la tinta antes de repetir
el proceso con las semillas de diente de león
en los otros dos lados del jarrón. Cuando esté
bien seco, pase una toallita húmeda para borrar
las líneas que dejó el papel de calco.

# Pintura sobre azulejos TÉCNICAS

Puede adquirir azulejos blancos a precios bastante asequibles en cualquier distribuidor de cerámica. Transfórmelos en coloridos posavasos, salvamanteles o incluso una encimera para la cocina o el baño con pinturas para cerámica, disponibles en un amplio abanico de colores.

## Dibujar y hacer plantillas

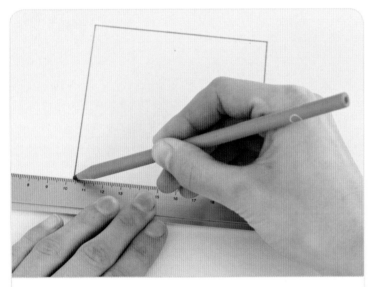

**1** Con un lápiz y una regla, marque en cartulina o papel grueso el contorno del objeto en el que pintará (en este caso, un azulejo). Este contorno le servirá de marco para encuadrar su diseño.

**2** Dibuje el diseño en la cartulina. Centre el diseño en el marco y deje espacio suficiente en los márgenes para el fondo.

**3** Una vez esté satisfecho con el diseño, coloque la cartulina sobre una alfombrilla de corte y, con un escalpelo, corte la forma dibujada y el marco. Acabará teniendo dos plantillas: la forma que ha dibujado y su marco.

## Fijar la plantilla

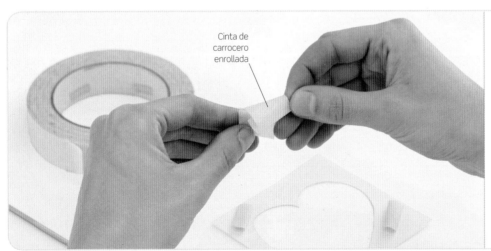

Cinta de carrocero enrollada

**Utilice un paño impregnado en aguarrás** para limpiar la superficie del azulejo. Corte cuatro trozos de cinta de carrocero y enróllelos. Pegue un rollito de cinta en cada esquina del reverso de la plantilla del marco. Coloque la plantilla centrada sobre el azulejo y presiónela bien para pegarla en su sitio.

## Pintar con una esponja

**Con una esponja de maquillaje seca** empapada en pintura para cerámica, aplique el color al azulejo. Presione con los dedos los bordes interiores de la plantilla para evitar que la pintura se filtre por debajo.

## Retirar la plantilla

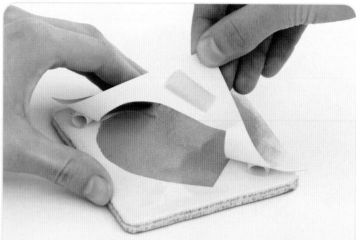

**Deje secar la pintura por completo,** durante unos 30 minutos. Cuando esté seca al tacto, levante con cuidado el borde de la plantilla y retírela poco a poco, junto con la cinta de carrocero.

## Pintar sobre cerámica

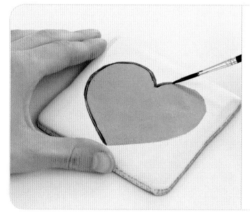

**1** Si quiere realzar la forma, puede pintar con un pincel fino una delgada línea alrededor del contorno con un color a contraste.

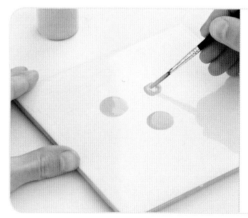

**2** Lograr un color sólido y uniforme con las pinturas para cerámica puede resultar complicado. Empape bien el pincel e inunde la zona que quiere pintar con el color.

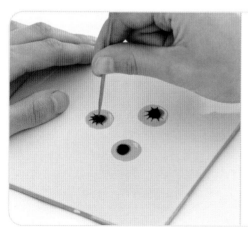

**3** Estas pinturas se vuelven pringosas después de aplicarlas, así que trabaje deprisa si quiere lograr efectos pictóricos. Pruebe a dejar caer sobre la pintura húmeda unas gotas de un segundo color y a arrastrarlas con un palillo.

### FIJAR PINTURAS PARA CERÁMICA

**Una vez seca la pintura,** introduzca la cerámica pintada en un horno frío y caliéntelo a la temperatura recomendada. Cueza la cerámica durante el tiempo indicado, luego apague el horno y déjela enfriar dentro. No retire la cerámica del horno mientras esté caliente, pues el cambio repentino de temperatura podría resquebrajarla.

# Juego de posavasos PROYECTO

Cree este divertido juego de posavasos con motivos frutales utilizando azulejos blancos y lisos para baño o cocina. Los cuatro posavasos requieren las mismas técnicas; solo cambia el diseño. Utilice las plantillas de la p. 90 o, por qué no, cree sus propios diseños.

## NECESITARÁ

- 4 azulejos de cerámica blancos y lisos de 10 x 10 cm
- Paño
- Aguarrás
- Cartulina o papel grueso
- Lápiz
- Regla
- Escalpelo y tijeras
- Alfombrilla de corte
- Cinta de carrocero
- Pinturas para cerámica en color turquesa, amarillo, verde y marrón
- Esponja de maquillaje
- Pincel medio plano
- Pincel fino

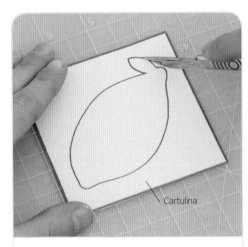

Cartulina

**1** Limpie la superficie del azulejo con un paño empapado en aguarrás. Deje que se seque. Transfiera las plantillas de la p. 90 a cartulina y recórtelas con cuidado usando un escalpelo. Obtendrá dos plantillas: una con la forma de la fruta y otra con su marco.

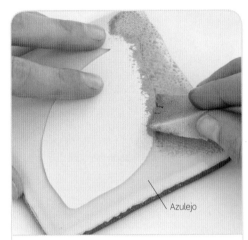

Azulejo

**2** Adhiera trozos de cinta enrollada al reverso de la plantilla con la forma de la fruta para pegarla al azulejo. Presione los bordes de la plantilla para evitar que se filtre la pintura y aplique la pintura turquesa con la esponja. Déjela secar 30 minutos y retire la plantilla.

Borde sin pintar

**3** Con un pincel plano medio, pinte el limón con una cantidad generosa de pintura amarilla. Deje un borde sin pintar alrededor de la forma para realzarla. Aclare el pincel.

**4** Cuando la pintura amarilla esté seca, pinte la hoja en verde con un pincel fino. Aclare y seque el pincel y luego pinte el tallo de marrón: intente pintarlo con una o dos pinceladas.

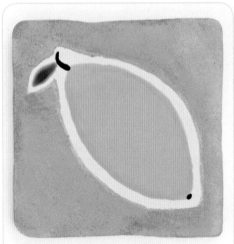

**5** Repita los pasos 1 a 4 para aplicar los otros diseños a tres azulejos más para obtener un juego completo. Deje secar los azulejos 24 horas. Consulte las instrucciones del fabricante para fijar los colores.

# Mosaico: el método directo

El método directo es una sencilla técnica de mosaico adecuada para superficies planas y tridimensionales. Uno de sus inconvenientes es que el adhesivo es opaco y tapa el dibujo mientras se trabaja, de modo que es aconsejable usar diseños sencillos. Conviene planificar la pieza de antemano, pues las teselas resultan difíciles de ajustar una vez seco el adhesivo.

## Elegir los materiales

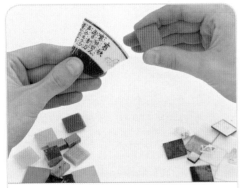

**Las teselas vítreas y la cerámica sin vidriar** son fáciles de cortar, mientras que el mármol y el *smalti* tienen un aspecto tradicional en el que radica su atractivo. La cerámica vidriada y la porcelana rota son idóneas para este método, pues suelen estar coloreadas por una sola cara.

## Cortar y formar las teselas

Tenazas para azulejos

**1** Para lograr mayor grado de detalle, corte las teselas antes de empezar. Coloque las tenazas para azulejos en el borde del azulejo y apriete con cuidado mientras sostiene el azulejo con la otra mano para evitar que salga volando. Protéjase los ojos con unas gafas protectoras.

**2** Para crear motivos interesantes y diseños figurativos, puede cortar formas más definidas colocando las pinzas para azulejos en ángulos distintos y cortando los bordes.

## Planificar y transferir el motivo

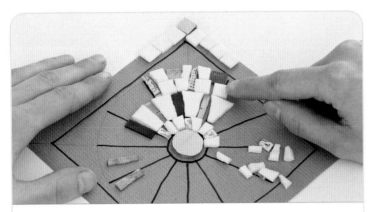

**1** Dibuje primero el diseño en papel. Disponga las teselas sobre el diseño y ajuste los colores y formas hasta estar satisfecho con el efecto.

**2** Copie o calque el diseño sobre la superficie elegida con un lápiz o un rotulador.

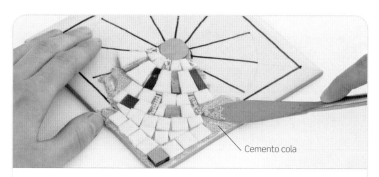

Cemento cola

**3** Mezcle cemento cola con agua hasta obtener una pasta densa. Aplíquela a la superficie del azulejo con una espátula. Cubra una zona reducida cada vez para que la cola no se seque y que el diseño siga visible.

**4** Coloque con cuidado las teselas sobre la cola. Si no piensa dar una capa de lechada al azulejo, disponga las teselas lo más juntas posible; en caso contrario, deje una pequeña separación entre ellas. El tamaño de tal separación puede ser de 1 a 4 mm, pero quedará mejor si la distancia es siempre la misma.

## Nivelar la superficie

## Enlechar azulejo

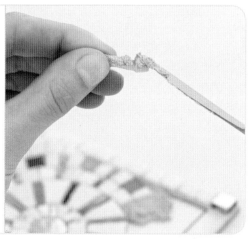

**Si usa teselas** de un grosor ligeramente distinto y quiere conseguir una superficie final plana, añada una cantidad adicional de cola al reverso de las teselas más finas.

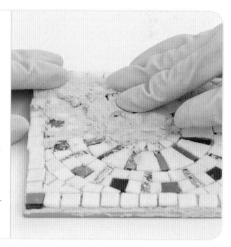

**Cuando la cola se seque,** enleche la pieza para rellenar las juntas. Mezcle la lechada con agua para formar una pasta densa y extiéndala sobre el mosaico. Puede hacerlo con una llana, pero para las teselas pequeñas y tridimensionales es más fácil hacerlo con los dedos. Protéjaselos con guantes.

## Eliminar la lechada de sobra

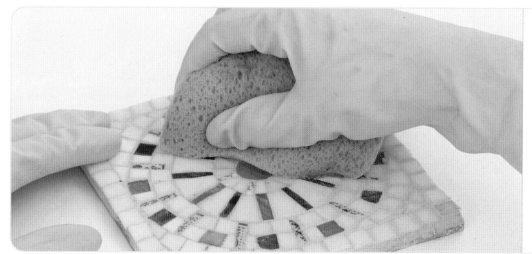

**Limpie la lechada de sobra** con una esponja húmeda; vaya girándola para asegurarse de usar una cara limpia en cada pasada. Cuando la lechada esté casi seca, tras unos 20 minutos, limpie los residuos de la superficie con un paño seco.

# Mosaico: el método indirecto

En esta técnica, el mosaico se crea invertido en papel antes de fijarlo en su posición definitiva. Se trata de un método práctico, en especial para proyectos grandes, ya que permite realizar todo el trabajo de cortado apoyándose cómodamente en una superficie de trabajo y ver el diseño que sirve de guía. Además, también permite efectuar correcciones.

### Transferir el diseño a papel de estraza

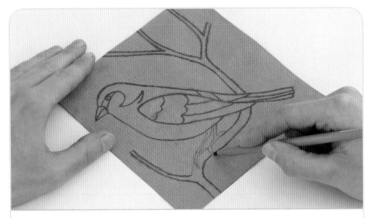

**Dibuje el diseño** en papel de estraza, recordando invertirlo si no es simétrico e incluye letras. Puede hacerlo colocando del revés el original y volviéndolo a calcar sobre una caja de luz o contra una ventana.

### Pegar las teselas al papel de estraza

Teselas pegadas boca abajo

**Mezcle una pequeña cantidad** de cola blanca lavable con una cantidad igual de agua y aplíquela al papel con un pincel. Coloque una tesela, boca abajo. Repita la operación hasta completar el diseño. Deje secar el mosaico.

### Fijar las teselas a la superficie elegida

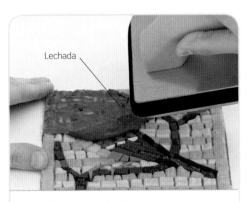

Lechada

**1** Aplique una lechada previa al mosaico: mezcle la lechada con agua hasta obtener una pasta densa y aplíquela al mosaico para rellenar las juntas. Limpie la lechada de sobra con una esponja húmeda.

Cemento cola

**2** Escoja una superficie rígida, como una plancha de madera. Mezcle la cola con agua para crear una pasta densa y extiéndala sobre la superficie con una llana dentada pequeña para crear un lecho homogéneo y fino. Ponga especial cuidado en los bordes.

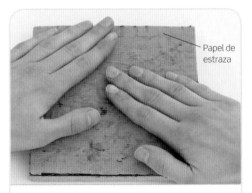

Papel de estraza

**3** Levante con cuidado el mosaico y vuélquelo sobre la cola. Asegúrese de que esté colocado en su sitio y luego presione suavemente por toda la superficie para verificar que las teselas quedan bien incrustadas.

## Retirar el papel de estraza

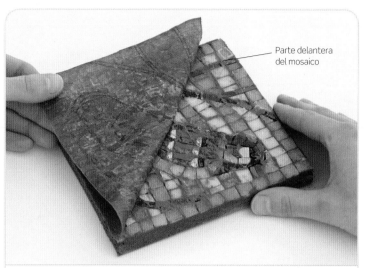

Parte delantera del mosaico

**1** Empape el papel con una esponja y manténgalo húmedo hasta que el pegamento se disuelva (unos 15 minutos, en función de la fuerza del pegamento y de la temperatura ambiente). Mientras espera, aplique un poco más de cola a los bordes del mosaico para reforzarlos.

**2** Levante una esquina del papel. Si se desprende con facilidad, continúe tirando de él en paralelo a la superficie del mosaico, para no separar las teselas de la lechada. Si resulta difícil de despegar, vuelva a bajar el papel y humedézcalo con la esponja. Parte de la lechada habrá manchado las teselas; límpielas con una esponja húmeda antes de que se seque. Vaya girando la esponja para usar siempre una cara limpia.

## Lechada y acabado

**1** Aplique de inmediato una lechada a la cara delantera del mosaico para rellenar los huecos. También puede aplicarla una vez seco el cemento cola. Moje la superficie del mosaico con una esponja húmeda y extienda la lechada, introduciéndola bien en los huecos. Limpie el mosaico con una esponja húmeda, usando siempre una cara limpia de esta.

**2** Transcurridos unos 20 minutos, cuando la lechada haya empezado a secarse, pase un paño seco por la superficie del mosaico para limpiar los residuos.

# *Plato con mosaico* PROYECTO

Este mosaico, inspirado en los colores relajantes del bosque, está hecho siguiendo el método directo, la forma más sencilla de elaborar un mosaico. Esto significa que las teselas se pegan directamente sobre el plato y luego se enlecha. Es rápido de hacer y tiene la ventaja de que el diseño final se observa a medida que se crea. Coloque papel o un paño protector sobre la superficie de trabajo antes de empezar.

## NECESITARÁ

- Lápiz
- Plato grande de madera
- Cuentas de base plana y cuentas *millefiori* de 5 mm de grosor
- Teselas verdes de diversas tonalidades
- Tenazas para azulejos
- Cola blanca
- Guantes de goma
- Mascarilla y gafas protectoras
- Lechada gris oscuro
- Llana flexible
- Esponja
- Paño (que no suelte pelusa)

**1** Dibuje una línea ondulada sobre el plato a unos 4,5 cm de la parte superior del diseño. Dibuje una segunda línea unos 1,5 cm por debajo de la anterior. Elija las teselas y los adornos que usará para las líneas principales del diseño y agrúpelas por color y tipo.

**2** Corte algunas de las teselas especiales por la mitad. Hágalo siguiendo las instrucciones de **cortar y formar las teselas** (p. 80). Apriete con fuerza las tenazas para cortar el azulejo. Haga lo mismo para obtener cuartos de tesela.

**3** Coloque las teselas y los adornos a lo largo del «camino» ondulado previamente dibujado. Para crear el patrón, mezcle teselas opacas y brillantes. Retire del plato las piezas en el mismo orden. Unte con cola blanca la parte posterior de cada pieza y péguelas en el plato dejando entre ellas un espacio semejante.

**4** Comience por las teselas verde claro. Córtelas por la mitad siguiendo el paso 2 y péguelas al plato haciendo una línea a cada lado de la línea principal. Complete una línea a la vez, y vaya cambiando progresivamente el tono y añadiendo a intervalos regulares una nueva línea principal de adornos hasta cubrir el plato por completo. Deje secar toda la noche.

**5** Utilizando guantes de goma y mascarilla, aplique la lechada generosamente sobre el mosaico esparciéndola en distintas direcciones y con cuidado de rellenar bien todos los espacios y cubrir adecuadamente el borde externo del plato.

**6** Limpie la lechada de sobra con una esponja húmeda. Espere 20 minutos y repita. Cuando la lechada esté totalmente seca, limpie la superficie con un paño (que no suelte pelusa) para eliminar cualquier residuo y dar brillo al mosaico.

# *Macetas* PROYECTO

Estas macetas se han decorado con un mosaico sencillo pero efectivo, integrado por trozos de porcelana rota y teselas de cerámica sin vidriar. Las macetas usadas en este caso son de terracota y lisas, sin borde, pero la técnica funciona igualmente sobre macetas de terracota con reborde (las macetas de plástico no son suficientemente rígidas). Los diseños de ambas macetas tienen ecos entre sí: una presenta una flor azul sobre un fondo blanco y azul estampado, mientras que el fondo de la otra es blanco liso y la flor azul. En este proyecto se ha utilizado el método directo.

## NECESITARÁ

- Platos de porcelana blancos y azules
- Toalla
- Martillo
- Tenazas para azulejos
- 2 macetas de terracota de unos 15 cm de alto
- Solución de cola blanca y agua en proporción 70:30
- Pincel mediano y lápiz
- Teselas de vidrio azules
- Cemento cola
- Espátula
- Lechada blanca
- Esponja

**1** Envuelva los platos de porcelana en una toalla y golpéelos con el martillo. Con unas tenazas para azulejos, corte los trozos en formas pequeñas más regulares.

**2** Selle los poros de las macetas de terracota aplicando la solución de cola blanca. Déjelas secar.

**3** Dibuje a lápiz un diseño sencillo en una maceta y reprodúzcalo sobre la superficie de trabajo usando las teselas de vidrio azules. Para ello corte las teselas en tiras para formar el tallo y en triángulos para la flor y las hojas.

Cemento cola

**4** Con una espátula, aplique cemento cola a la superficie de la maceta con la forma aproximada del diseño. Coloque las teselas azules sobre la cola, empezando por la flor.

**5** Aplique cemento cola a zonas pequeñas y vaya rellenando el fondo de la maceta con trozos de los platos rotos; póngala boca abajo para llegar mejor a la base. Elija piezas con un motivo similar para hacer una cenefa por el borde. Cuando el cemento cola esté seco, cubra con lechada la maceta y pase una esponja húmeda para eliminar la que sobre.

# *Salvamanteles* PROYECTO

El mosaico proporciona una superficie práctica y fácil de limpiar que lo hace ideal para objetos funcionales como este salvamanteles. La base puede ser una madera o una baldosa de cerámica. Proteja la cara inferior con un forro de fieltro. En este proyecto se ha utilizado el método indirecto.

## NECESITARÁ

- Papel de estraza
- Lápiz o barra de carboncillo
- Aproximadamente 270 teselas vítreas (800 g) de color naranja, rojo, blanco, negro, azul y morado
- Tenazas para azulejos
- Solución 50:50 de cola blanca lavable y agua, y un poco de cola sin diluir
- Pinceles finos y medios
- Tablero DM de 30 x 30 cm y 12 mm de grosor o baldosa de cerámica
- Cemento cola
- Llana dentada pequeña
- Esponja
- Lechada gris oscuro
- Guantes de goma
- Paño
- Trozo de fieltro de 30 x 30 cm
- Tijeras

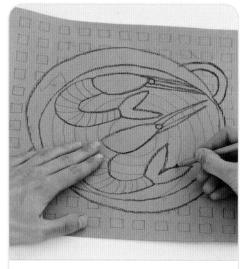

**1** Transfiera la plantilla de la p. 91 a papel de estraza con un lápiz o un carboncillo.

**2** Trocee los azulejos con unas tenazas para azulejos. Corte tiras finas para las antenas y formas más definidas para las colas. Con un pincel fino, aplique la solución de cola blanca a una zona pequeña del papel cada vez. Empiece por las gambas y luego continúe rellenando la paellera, colocando las teselas boca abajo en el papel.

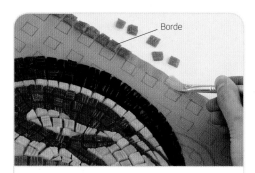

Borde

**3** Antes de rellenar el mantel a cuadritos azules y morados, disponga las cuatro filas de teselas en los bordes para crear unos cantos limpios y luego avance hacia el interior componiendo el mantel. Una vez completado el diseño, deje secar la cola. Aplique una capa previa de lechada al mosaico.

Mosaico con base de papel

Cemento cola

**4** Aplique cemento cola al tablero o a la baldosa con una llana dentada pequeña. Vuelque el mosaico y presiónelo bien. Moje el papel con una esponja húmeda para disolver la cola y luego retírelo. Cubra el salvamanteles de lechada y pase una esponja limpia para retirar los restos. Limpie la superficie con un paño.

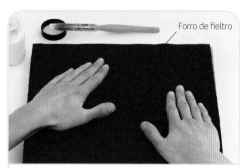

Forro de fieltro

**5** Pinte la cara inferior del tablero o de la baldosa con una cola blanca fuerte y coloque encima el cuadrado de fieltro. Presiónelo con las manos y retire la cola de sobra con un paño húmedo. Deje secar la cola durante una hora antes de darle la vuelta al salvamanteles.

# Plantillas

Posavasos (pp. 78–79)

Amplíe al 150% en una fotocopiadora

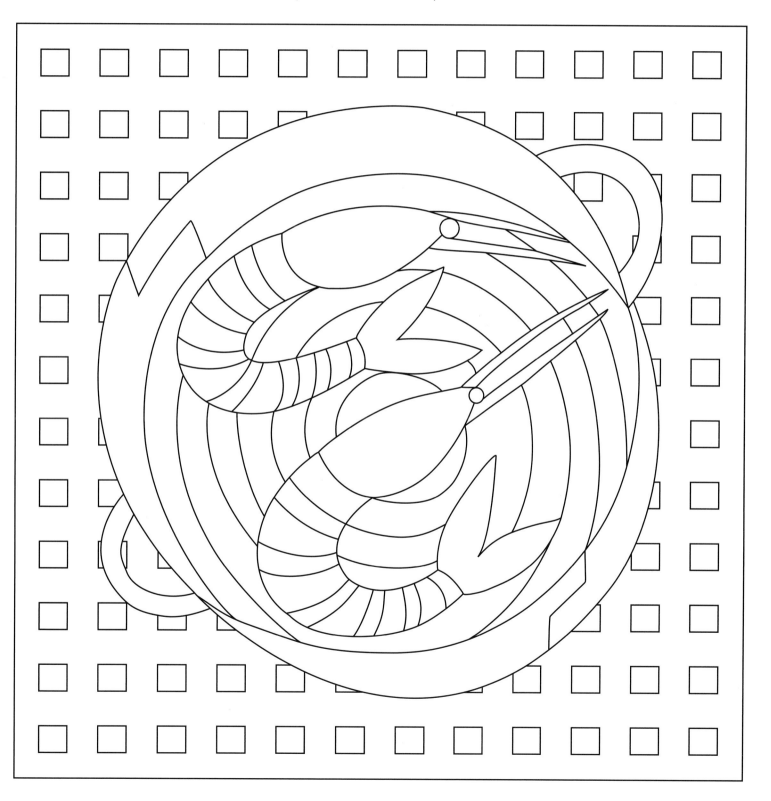

**Diente de león** (pp. 74–75)

Amplíe al 150% en una fotocopiadora

**Dije** (pp. 60–61)

**Colgante** (pp. 54–55)

**Broche** (pp. 58–59)

**Lamparilla** (pp. 68–69)

**Pulsera** (pp. 46–47)

(No se muestra al tamaño real)

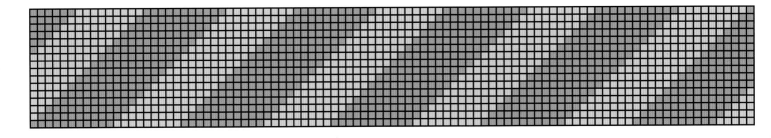

# Índice

# Autores

Un equipo de artesanos expertos en su materia ha colaborado
para hacer posible esta obra.

### Tessa Hunkin

Mosaico
(método directo)    Mosaico
(método indirecto)

### Helen Johannessen

Pintura sobre
porcelana    Pintura sobre
azulejos

### Cheryl Owen

Cuentas    Alambre de plata    Esmalte en frío    Tejido de abalorios

Arcilla polimérica    Arcilla de
secado al aire    Arcilla metálica    Pintura sobre vidrio

### Michael Ball

Falso vitral

### Karen Mitchell

Mosaico
(método directo)

### Clara Smith

Arcilla metálica

### Ria Holland

Pintura sobre
porcelana

## AGRADECIMIENTOS

DK desea dar las gracias a Fiona Corbridge por su valiosa contribución durante las primeras fases de desarrollo
del libro, así como a Ira Sharma y Era Chawla por su ayuda en el diseño, a Jane Ewart por la dirección de fotografía,
a Ruth Jenkinson por la fotografía, a Carly Churchill por el modelado a mano y la asistencia fotográfica, a Meryl
Davies por la asistencia fotográfica, a Hilary Mandleberg por sus verificaciones, a Ria Holland por la asistencia
en el diseño, a Katie Hardwicke por la corrección de estilo y a Marie Lorimer por la elaboración del índice.